André-François Boureau-Deslandes

L'Art de

ne point s'ennuyer

Édition : BoD · Books on Demand, 31 avenue Saint-Rémy, 57600 Forbach, bod@bod.fr
Impression : Libri Plureos GmbH, Friedensallee 273, 22763 Hamburg (Allemagne)
ISBN : 978-2-3225-5141-5
Dépôt légal : Janvier 2025

L'ART DE NE POINT S'ENNUYER

Par M. DESLANDES

À Paris,

Chez Étienne Gannieau,
Rue S. Jacques, vis-à-vis la fontaine S. Severin,
aux Armes de Dombes.

MDCCXV.

Avec Approbation & privilège du Roy.

PREFACE

Le titre de cet Ouvrage plaira certainement au Public. L'ouvrage même aura-t-il un sort si heureux ? Je n'ose le croire, & mon amour propre fait volontiers ce Sacrifice au discernement du Lecteur judicieux. C'est un crime que de s'annoncer. Le titre qui semble un peu trop promettre, fait ordinairement tort à l'ouvrage. L'esprit prévenu va toujours plus loin qu'on ne souhaite, & la peine qu'il se donne d'attendre même de belles choses, lui doit être payée chèrement.

Que de motifs d'une juste appréhension ? Jamais matière ne fut plus intéressante que celle que j'ai entrepris d'éclaircir. Tous les hommes sont sujets à s'ennuyer. Les plus habiles cachent leur jeu : mais ils ne peuvent se tromper eux-mêmes. On ne se dérobe point ce qu'on sent. Plein d'une éloquence flatteuse, l'amour propre veut nos persuader que nous ne nous trouvons jamais seuls, & nous voulons ensuite le persuader aux autres. Mais cette illusion s'évanouit aisément. Le masque tombe, & les idées naturelles prennent le dessus. Cicéron ne présumait-t-il pas un peu trop de son mérite, quand il a assuré qu'il était toujours en compagnie ? Cette louange lui paraissait délicate

& digne d'un grand homme.

L'Empire du monde a été partagé entre l'ignorance & l'orgueil. L'ignorance énerve les esprits & les rend timides. Peuvent-ils s'arracher à ce que le commerce de la vie a de trop fade & de trop uniforme ? L'orgueil ne veut ni s'abaisser ni rien devoir : comment s'accommodera-t-il de ces délicatesses dont le détail flatteur lie les plaisirs & les fait succéder les uns aux autres ? Voilà les sources de L'ennui, sources fécondes & qui jamais ne peuvent tarir. Je fais volontiers cet aveu : quoiqu'en le faisant je ne puisse sauver l'honneur du genre humain.

L'art de ne point s'ennuyer est donc un Ouvrage utile au Public, & plus utile sans doute que tout ce qu'on a admiré jusqu'ici. On se passe aisément d'éloquence & d'histoire. Peut-être l'homme vivrait-il plus heureux, s'il était moins savant & moins cultivé ? Mais on s'ennuie partout : à la Cour comme à la Campagne, dans les grands postes comme dans l'obscurité. Et n'est-il pas avantageux de se délivrer d'un ennemi d'autant plus cruel qu'il se fait moins connaître. L'adresse est surtout nécessaire dans cette nouvelle sorte de guerre cachée, & cette adresse n'est pas moins l'ouvrage d'une étude naïve que d'une imagination fleurie. J'en appelle au jugement des plus grands hommes : je veux dire, au jugement de ceux qui ne brillent que dans le monde délicat & poli.

Je ne prétends point avoir épuisé toute cette matière, Peu favorable à mes productions, je crains même de ne l'avoir qu'effleurée. Une telle modestie (& j'ose assurer qu'elle est sincère) mérite l'indulgence du public. Je m'en flatte. Cependant je ne priverai point la vanité du tribut quelle exige de chaque Auteur. On doit me savoir gré d'avoir travaillé sur une matière neuve & qu'on avait, pour ainsi dire, oubliée. Cette louange est moins éclatante, mai peut être aussi agréable que celle de la réussite.

Un homme [1] de beaucoup d'esprit & qui joint à l'exactitude géométrique toute l'élégance des belles Lettres, m'a parlé d'un Allemand qui avait écrit sur une matière presque semblable, quoique avec un titre différent. Mais selon la méthode des Écrivains du Nord, son Livre n'est rempli que de passages & de citations inutiles. Je ne me suis point mis en peine de le lire, aimant mieux parler de moi-même que me parer des dépouilles d'autrui. C'est être esclave que de vouloir s'assujettir à des idées étrangères.

---

[1] M. de Lagny, de l'Académie Royale des Sciences.

Je ne sais s'il m'est permis d'allonger encore ma Préface par une petite remarque. Peut-être on me reprochera de n'avoir point parlé de certains caractères mélancoliques, que rien n'excite au plaisir & qui s'ennuient en quelques lieux qu'ils soient. J'ai prévu cette objection, & je dirai qu'un Médecin habile leur est plus nécessaire qu'un Philosophe qui réfléchit. M. de Tschirahaus, Gentilhomme Saxon, est le premier qui dans un même [2] Ouvrage a donne des préceptes pour guérir & l'esprit & le corps. Le succès a trompé son attente. Oserai-je le dire : un tel exemple m'intimide, & rien n'est plus autorisé que de devenir sage aux dépens d'autrui.

À Paris, ce 21 Juillet 1714.

J'ai lu par ordre de Monseigneur le Chancelier un Manuscrit qui a pour titre L'art de ne point s'ennuyer, & je n'ai rien trouvé qui en puisse empêcher l'impression. À Paris ce 10 Septembre mil sept cent quatorze.

Dr Sacr.

---

[2] Voyez son Traité *De Medecina mentis & corporis*, etc.

PRIVILEGE DU ROY

Louis par la grâce de Dieu Roy de France & de Navarre, à nos amez & féaux Conseilers, les gens tenans nos Cours de Parlement, Maistres des Requestes ordinaires de nôtre Hôtel Grand-Conseil, Prevost de Paris, Baillifs, Seneschaux, leurs Lieutenans civils & autres nos Justiciers qu'il appartiendra, Salut : Nôtre cher & bien amé le Sieur Deslandes de nôtre Académie des Sciences Nous ayant fait remontrer qu'il souhaiterait faire imprimer un livre intitulé *l'art de ne point s'ennuyer* de sa composition & donner au public, s'il Nous plaisait lui accorder nos Lettres de Privilège sur ce nécessaires, Nous lui avons permis & permettons par ces presentes de faire imprimer ledit livre en telle forme, marge, caractère & autant de fois que bon lui semblera, & de le faire vendre & débiter par tout notre Royaume pendant le temps de quatre années consécutives à compter du jour de la date desdites présentes. Faisons deffenses à toutes sortes de personnes de quelque qualité & condition quelles soient D'en introduire d'impression étrangère dans aucun lieu de nôtre obéissance, & à tous Imprimeurs Libraires & autres d'imprimer, faire imprimer, vendre, faire vendre, débiter ni contrefaire ledit livre en tout ni en partie, ni d'en faire aucuns extraits sans la permission expresse & par écrit dudit sieur exposant, ou de ceux qui auront droit de lui à peine de confiscation des exemplaires contrefaits de quinze cens livres d'amende contre chacun des contrevenans, dont un tiers à Nous, un tiers à l'Hôtel-Dieu de Paris l'autre tiers audit Sieur exposant & de tous dépens dommages & interests : à la charge que ces présentes seront enregistrées tout au long sur le registre de la Communauté des Imprimeurs & Libraire de Paris, & ce dans trois mois de la date d'icelles, que l'impression dudit livre sera faite dans nostre Royaume & non ailleurs, en bon papier & en beaux caracteres, conformement aux Reglemens de la Librairie & qu'auparavant que de l'exposer en vente, il en fera mis deux exemplaires dans notre Bibliothèque publique, un dans celle de nostre Château du Louvre & un dans celle de nôtre très-cher & feal Chevalier Chancelier de France le Sieur Voisin Commandcur dc nos Ordres, le tout à peine de nullité des présentes ; Du contenu desquelles vous mandons & enjoignons de faire jouir ledit Sieur exposant, ou ses ayans cause, pleinement & paisiblement, sans souffrir qu'il leur soit fait aucun trouble ou empêchement. Voulons que la Copie desdites presentes qui sera imprimée au commencement ou à la fin dudit livre, soit tenue pour duement signifiée & qu'aux copies collationnées par l'un de nos ainez & feaux Conseillers & Secretaires foy soit ajoûtée comme à l'original : Commandons au premier nôtre Huissier ou Sergent de *** pour l'exécution d'icelles tous autres actes requis & nécessaires sans demander autre permission & nonobstant clameur de Haro charte Normande & lettres à ce contraires : CAR tel est nostre plaisir. DONNÉ à Versailles le trente unième jour du Mois d'Octobre l'An de Grâce mil sept cent quatorze & de nôtre Règne le soixante-douxiéme. Par le Roy en son Conseil.

FOUQUET

Registré, ensemble la cession, sur le Registre n° 3. de la Communauté des Libraires & Imprimeurs de Paris pag. 881. n° 1101 conformément aux Reglemens & notamment à l'Arrêt du 13 Août 1703 à Paris le 1 Décembre 1714.

Robostel Syndic

Je cede le present Privilege au Sieur Ganeau Libraire de Paris pour en joüir suivant nos conventions. A Paris ce 27. Nov. 1714.

DESLANDES

À MADAME DE M***

Que vous êtes à plaindre MADAME, & que je suis touché de votre sort. Née avec tous les agréments que l'esprit & la beauté donnent à une jeune personne, vous deviez vous promettre l'établissement le plus flatteur. La Fortune n'a point suivi les vues de la Nature. Je ne sais si c'est par aveuglement ou par jalousie. Vos charmes sont devenus la proie d'un Mari farouche & bizarre. Livrée à ses caprices, Vous vous trouvez exilée au fond d'une Province grossière, où l'esprit passe pour un vrai monstre. Que votre délicatesse doit être choquée des manières impolies de ces Gentilshommes, qui assiègent tout le jour votre maison. Avec moins d'esprit, vous seriez plut heureuse. Mais par une destinée assez triste, votre discernement fait votre supplice. Tout est manière dans les Province, & on n'y connaît qu'une politesse fade & montée sur de grands mots. Pourriez-vous,

MADAME, vous apprivoiser avec elle ? La finesse de votre goût & la naïveté de vos sentiments m'assurent du contraire. Que les jours doivent vous paraître longs dans un Pays ou personne ne se : pique de penser ? Je crains même me vos réflexions, malgré la sagesse qui les caractérise, ne vous fatiguent à la fin. Gardez-vous cependant de vous trop livrer aux bizarreries d'une humeur chagrine. Il y a un art de ne point s'ennuyer & cet art est proprement ce que la nature offre de plus ingénieux & de plus fin. je tâcherai d'en donner une idée exacte dans cet Ouvrage. Peut-être méritera-t-il l'approbation des personnes qui aiment les vues neuves & hardies. Au reste MADAME, vous devrez m'avoir quelque obligation des peines que je me donne, pour vous désennuyer. Le cœur y a plus de part que l'esprit. Laissez donc à votre délicatesse le soin de régler votre reconnaissance, & je me persuade qu'elle sera accompagnée d'un retour sincère.

Chapitre I

Quel est le tour d'esprit le plus heureux pour ne point s'ennuyer dans le monde

tdm

L'Univers offre un spectacle trop froid & trop languissant ; il ne s'y passe rien de neuf, rien qui puisse inspirer une attention vive : ce sont toujours les mêmes points de vues & les mêmes décorations qui fatiguent les yeux les plus nonchalants : aucune différence essentielle dans les rôles : aucune variété considérable dans les caractères : de nouveaux acteurs succèdent à ceux qui se retirent du théâtre ; mais ils conservent & leurs gestes & leurs habits. L'esprit le moins attentif ne peut les méconnaître. Ce mouvement rapide qui emporte tout, &

qui cause une fuite perpétuelle de révolutions dans les affaires humaines, ne change cependant point la face de la terre : c'est ce qui a fait dire au Duc de la Roche-Foucault : *On ne devrait s'étonner que de pouvoir encore s'étonner de ne point s'ennuyer.*

Tous les Siècles se ressemblent, & le monde n'est point différent aujourd'hui de ce qu'il était dans sa plus grande jeunesse. On voit renaître parmi nous les mêmes sottises & les mêmes ridicules, qui ont caractérisé nos pères ; beaucoup d'inconstance & de vanité ; un goût vif pour ce qui est faux ou merveilleux ; une crainte étudiée de se connaître, & peu d'attachement aux choses les plus utiles : voilà ce qui compose l'histoire de chaque siècle. L'esprit & le coeur de l'homme ne changent jamais. Oserai-je le dire : ils empruntent de l'intérêt ou de l'amour propre les différentes situations où ils peuvent se trouver. Heureusement avare, la Nature semble les avoir chargés du détail de notre conduite. C'est de leurs soins & de leur habileté que dépend tout le jeu des passions ; il y a un art caché, mais simple dans toutes leurs saillies, & la véritable science est celle qui s'efforce d'en découvrir les principaux rapports.

Une fine méditation apprend à l'homme ce qu'il doit à l'intérêt ou à l'amour propre. Plein des idées quelle lui inspire, il se ménage un point de vue auquel il puisse rapporter tous les objets qui l'environnent. Ses démarches & ses pensées ne s'en écartent jamais. En effet un voisinage trop prochain ou un trop grand éloignement exposent les yeux à des erreurs grossières : on n'évite ces deux extrémités que par une sorte d'étude qui suppose beaucoup d'exactitude dans l'esprit, & cette étude est le premier caractère qui marque les grands hommes.

On ne s'ennuie dans le monde, que parce qu'on s'abandonne trop aux emportements d'une imagination déréglée. Trop voisins de notre sort & trop éloignés de celui des autres, nous ne pouvons en juger sainement. De-là naissent mille idées fausses & ridicules, que l'orgueil ne nous offre cependant que sous des dehors flatteurs. Guidé par les saillies d'une impatience vive, l'esprit n'ose alors demeurer dans une assiette tranquille. C'est ce qui arriva à un Empereur fameux. Lassé du trône, il voulut goûter ce qu'une condition obscure paraît avoir de charmes : mais il ne put en soutenir l'indolence, & *le jour qu'il céda la Couronne à son fils, fut le jour même qu'il se repentit de lui avoir fait un tel* [3]

---

[3] Strada de Bello Belgico.

présent.

Est-ce à l'inconstance de l'esprit ou à la malignité du coeur, qu'on doit imputer le peu de cas que chacun fait de sa condition ? Étrange caprice ! Les biens qui ne peuvent nous échapper, deviennent insensiblement l'objet de notre mépris. Plus l'espérance a été vive & flatteuse, moins la possession semble avoir de charmes. Suivie de cette langueur qui naît de la tranquillité, elle émousse nos goûts & elle affaiblit nos sentiments.

Ce sont là les fruits de cette source inépuisable de désirs qui embarrassent le coeur humain. Comme il ne peut les contenir tous à la fois, il s'y abandonne successivement, donnant tantôt la préférence à l'un de ces désirs & tantôt à l'autre. Ce qui fait que la vie n'est, à proprement parler, qu'une suite perpétuelle d'inconstance & de légèretés. Les mêmes choses ne se présentent point deux fois à nôtre esprit de la même manière. Elles changent de figure & de rapports, à mesure que nous changeons de point de vue. Les premières idées s'effacent, & la nouveauté qui a une hardiesse singulière pour frapper l'esprit, en admet d'autres à leur place sans aucun examen. L'homme qui a une fois perdu le fil du vrai, est presque incapable de le retrouver. Il ressemble à ces malheureux qui s'égaraient dans le labyrinthe de Crête, & qui ne pouvaient jamais retourner sur leurs pas.

Je suis persuadé qu'il faut je ne sais quoi de fin & de gracieux dans la manière de penser, pour n'être point trop ébloui de ce qui se passe dans le monde & pour en paraître assez touché. Une admiration servile & respectueuse surprend l'esprit, le gène & l'attache à des objets qui ne peuvent le satisfaire. Accompagnée de la prévention, elle ne sait point l'art de mettre un juste prix aux choses les plus communes. Voilà la source de tant de faux jugements, auxquels on s'abandonne. Nous avons besoin que les passions répandent sur nos sentiments un feu vif qui les excite & les anime. Mais la prudence doit nous arrêter, quand nous cherchons à en être éblouis. Il faut pour cela qu'elle se serve d'une certaine grâce qui rende son empire aimable : car l'homme paraît destiné à le renouveler chaque jour, & il tomberait dans une indolence fade, si les passions ne le soutenaient. Maniées délicatement, elles agitent le cœur, sans le troubler, & elles inquiètent l'esprit, sans l'affaiblir.

L'insensibilité réduite en système, est peut-être la plus

grande extravagance de l'ancienne Philosophie : Elle a voulu persuader à l'homme de regarder les biens & les maux d'un œil également satisfait. Cette fermeté cependant n'était qu'un beau masque, dont se servait l'orgueil pour se déguiser. Souvent on méprise ce que les autres estiment, par je ne sais quelle fausse grandeur d'âme qui cache des raisons plus puissantes. Que notre condition est déplorable : Destinés à jouir de la vie, nous voulons en paraître peu touchés, & nous abandonnons des plaisirs solides, pour courir après une idée chimérique. En effet quel bien est plus imaginaire que cette tranquillité d'âme qui se refuse aux passions les plus agréables. Aristippe, chef d'une des premières Sectes de la Grèce, disait avec beaucoup d'art *qu'il fallait régler sa vie sur ses sentiments & non point sur ses pensées.* Nos pensées nous frappent : nos sentiments nous intéressent, & quelle ardeur ne doit-on pas avoir pour les choses intéressantes, Je m'imagine avec plaisir qu'on n'a inventé les charges & les honneurs, que pour être des ressources prochaines contre l'ennui. Abandonné à ses propres réflexions, l'homme ressentait toute l'étendue de sa faiblesse. Je dirai quelque chose de plus : il ne pouvait s'accorder avec lui-même : on appela à son secours les dignités, les préséances, les titres de noblesse : enfin toutes ces distinctions imaginaires qui en imposent quelquefois aux âme les plus fortes. Dois-je avertir que la raison en a murmuré, mais sans aucun fruit ? Après tout bien des gens se trouveraient dans de cruelles peines, s'ils perdaient de vue l'attirail pompeux qui les environne. Faibles amusements, mais que la vanité nous a rendus nécessaires ! Par conséquent on ne doit s'en servir qu'avec beaucoup de précaution, & seulement pour avoir quelque part à la comédie qui se joue dans le monde : il n'appartient qu'aux grands esprits d'en être simples spectateurs, parce qu'il n'appartient qu'à eux seuls d'en pouvoir juger avec un discernement solide.

Vivement touché du plaisir de se connaître, chacun doit proportionner à l'étendue de son génie le cas qu'il doit faire des charges & des honneurs : règle certaine, & qui comprend presque toute la science du monde ! Moins on a de force d'esprit, plus on doit s'éloigner de soi-même, en se livrant aux affaires publiques : c'est un moyen infaillible pour entrer agréablement dans le commerce de la vie, & je crois que la Nature veut dédommager par là les génies médiocres. Le rôle que joue l'esprit paraît composé de tout ce qui manque à celui que joue la fortune. Cependant l'un a besoin du secours de l'autre, & de pareils besoins forment ordinairement les plus doux liens de la société.

Chapitre II

Si les gens d'esprit sont plus sujets à s'ennuyer que les fous ?

tdm

Le caractère essentiel de la vraie urbanité consiste dans une exactitude de goût, qui va même jusqu'au scrupule, les choses rudes & grossières la blessent : l'air de rusticité l'effraie. Que notre condition est malheureuse ! Nous ne devenons délicats, que pour devenir plus difficiles & sur le choix des plaisirs & sur la manière de les goûter. Mademoiselle de Scudery disait, avec je ne sais quelle grâce que *la nature l'avait trop favorisée*. Elle sentait qu'un discernement vif lui dérobait mille plaisirs, qui flattent la plus grande partie des hommes. Cette remarque me paraît judicieuse quoiqu'elle soit due à l'amour propre. Il y a des effusions de cœur, ou la nature simple & naïve emprunte le dehors de la vanité : que dis-je ! ou la vanité devient un des principaux caractères de la nature.

Il est certain que cette finesse d'esprit dont je viens de parler, empêche que l'homme ne s'ennuie avec lui-même ; mais elle n'a pas la même force, pour lui rendre aimable le commerce des personnes avec lesquelles il est obligé de vivre ; les moindres bagatelles occupent les petits esprits. Incapables de se prêter à des vues heureuses, ils ne peuvent s'élever à rien d'important, ni s'égayer par des folies spirituelles ; la première vue d'un objet les frappe & les amuse, rien ne leur parait fade ; rien ne peut les glacer, ils trouvent de l'enjouement dans les traits les moins nobles & les moins ingénieux, également satisfaits de la lecture de Plaute & de Térence, ils ne savent point faire la différence de ce sel qui pique le goût des honnêtes gens & de ces plaisanteries grossières, qui font le charme de la plus vile populace ; ces sortes d'esprits ne s'ennuient jamais, ils n'ont pas même assez de pénétration pour comprendre comment on peut s'ennuyer, les caractères les plus insipides leur plaisent, une chère délicate & un repas où les viandes sont entassées sans ordre & sans élégance, les frappent également.

Pour ceux qui pensent & qui pensent avec justesse ; ils ne peuvent se dépouiller de je ne sais quel extérieur qui fait croire souvent qu'ils s'ennuient ; ce n'est pas qu'ils dédaignent un badinage gracieux, & que leur caractère les porte toujours à paraître avec un visage composé ; ils aiment au contraire ces parties de plaisir, où la raison semble oublier sa sévérité naturelle, & où elle permet à la joie de lui dérider le front ; mais il faut que ces parties soient liées par les Grâces & l'on n'y doit recevoir que ceux qu'elles veulent bien avouer : c'est ce qu'Horace nous recommande d'une manière élégante, en parlant des parties de plaisir, où Scipion & Lælius, deux des plus grands hommes de l'ancienne Italie, s'assuraient de l'amitié de Térence ; *il y a des lieux*, ajoute le Satirique Romain, *où la folie est plus de mise que la sagesse.*

Par conséquent on ne doit pas être si exact sur les saillies d'une imagination vive, ni se demander toujours de bonnes raisons pour se réjouir. Cette justesse ne sied pas bien dans la liberté & l'épanchement de la joie ; mais il ne faut pas aussi prodiguer sa gaieté & la livrer à toutes sortes de personnes, on en trouve rarement qui méritent qu'on la leur sacrifie. J'ai lu dans un Ouvrage [4] plein de traits singuliers, que la Comtesse de la Suze paraissait fort sérieuse dans le grand monde, & que son enjouement n'avait point de bornes quand elle se trouvait avec ses amis, ils pouvaient

---

[4] Voyez le Mélange critique de Littérature.

seuls l'exciter à la joie & lui donner cet air d'assurance qui rend les conversations délicieuses ; on s'anime bien plus vivement quand on s'anime avec de justes précautions.

Les esprits qui sont, pour ainsi dire ouverts à tout le monde, manquent ordinairement de finesse : une Coquette sans art, & qui reçoit avec le même empressement les assiduités de tous ceux qui l'environnent, a bien moins d'attraits qu'une femme habile & qui sait choisir. Les personnes qui ont véritablement le goût délicat, lui ressemblent, on ne les voit point s'abandonner à toutes sortes de plaisirs ; ceux qui ont joué au coeur un personnage agréable, peuvent seulement les flatter.

Il est certain qu'on souffre beaucoup dans le monde quand on à un discernement perfectionné par tout l'art que la Philosophie la plus brillante peut inspirer : les gens qui ne pensent point & qui raisonnent d une manière ridicule, ceux qui laissent écouler leur vie en désirs & qui la consument en projets, ceux qui n'estiment rien que les faveurs incertaines de la fortune, en un mot les esprits qui sont toujours au-delà du vrai, sont si communs dans la société, qu'ils en altèrent toute la douceur, & quels agréments peut fournir un commerce trop inégal ou trop farouche ? Sa destinée est malheureuse, il paraît chaque jour exposé au mépris de ceux qui ont joint un enjouement vif à une étude riante : est-il pour eux un supplice plus rude, que de se trouver avec des personnes qui s'égarent à tout moment & dont l'imagination est remplie de pensées froides, ou de vues chimériques ? Une oreille fine n'est pas plus choquée des faux accords d'un concert bizarre.

Le commerce de la vie, pour être agréable, doit s'appuyer & sur cette science badine qui polit les mœurs, & sur cet art ingénieux qui anime les plus fades conversations. Sans leur secours l'indolence s'en empare, qui entraîne presque toujours après elle la sécheresse & la grossièreté. Voiture avouait avec cet air plaisant qui assaisonne quelques-unes de ses Lettres ; *Qu'il n'y avait point assez d'esprit dans son quartier, & que les filles en étaient trop sottes pour être attaquées par un homme comme lui.* Je ne sais si les moins coquettes ne craignent pas la bonne opinion que les gens d'esprits ont des assiduités qu'ils leur rendent, car elles se déclarent rarement en leur faveur ; il y a quelque apparence de raison dans ce procédé, une reconnaissance qu'on achète paraît une chose due.

Je ne parle point de cette vanité sombre & austère, qui

éloigne du commerce le plus spirituel certains savants mélancoliques, il vaut mieux renoncer aux présents de la nature, que les payer par une solitude continuelle. Je serais assez de l'humeur des Abdéritains, qui voyant Démocrite toujours seul & abandonné à de profondes réflexions, envoyèrent chercher Hippocrate, pour le guérir de cette espèce de folie qui le rendait inutile à la société. Hippocrate le reconnût & lui rendit justice ; mais ceux qui l'approchaient ne purent jamais approuver ce silence fier & dédaigneux qu'il affectait. La mélancolie doit-elle être l'apanage de la raison & de la sagesse ?

Chapitre III

Des précautions qu'on doit prendre, pour ne point s'ennuyer avec soi-même

tdm

Rien n'est peut-être plus utile à l'homme que cette science délicate qui lui fait trouver dans son propre fond des ressources flatteuses contre le chagrin ; elle n'est point entièrement inspirée par la nature, il faut que l'Art s'en mêle & qu'il la perfectionne : l'étude peut-elle être mieux employée ? En effet, chacun doit s'assurer d'un assez grand nombre d'idées vives & touchantes, pour s'en servir dans les occasions où les idées étrangères lui manquent sans quoi l'on donne des marques certaines d'un fond stérile, & faut-il que l'air de *pérégrinité* nous plaise si fort, que nous perdions celui qui nous est naturel ?

L'esprit a ses besoins, & ses besoins sont peut-être aussi étendus que ceux du corps ; il veut qu'on le gouverne avec soin, qu'on le raffine & qu'on le rende plus exact, plus juste & plus solide ; son tempérament devient par là ferme & robuste, mais ses maladies sont difficiles à guérir. La principale est je ne sais quelle langueur qui plonge l'homme dans une sombre tristesse ; il se cherche alors & il ne peut ni se trouver ni se reconnaître & si la vanité lui prête une contenance fière & hardie, le mécontentement secret qu'il a de lui-même n'en devient que plus fort.

On ne trouve que peu d'exemples de cette espèce de fermeté. L'homme craint de se gêner, quand il ne prévoit point quelque utilité brillante qui le dédommage des peines qu'il se donne. C'est au contraire une chose très commune que de rencontrer des gens qui avouent de bonne foi qu'ils s'ennuient avec eux-mêmes : les moments qu'ils passent seuls, leur semblent d'une durée infinie : obligés de se répandre au dehors, ils ne peuvent jouir ni de leur esprit ni de leur cœur ; je pourrais les comparer à ces malheureux qu'attaque une maladie singulière, ils n'osent regarder un miroir, ni rien de transparent, de peur de rencontrer leur ressemblance. Y a-t-il une condition plus triste, que celle où l'on se trouve de mauvaise compagnie ?

Les plaisirs ne peuvent pas toujours nous accompagner, & il arrive que leur vivacité diminue à mesure qu'on en jouit. Nos amis nous manquent quelquefois. Le moindre changement dans la fortune cause mille altérations dans les sentiments. L'esprit le plus fertile en inventions agréables peut bien varier ses goûts, mais il ne peut pas les satisfaire ; de là naît une inquiétude continuelle, vrai tourment de l'esprit. Qu'un homme est alors à plaindre, quand il ne peut s'entretenir avec lui-même ? J'ai remarqué que ceux qui aiment le plaisir sans aucun discernement, tombent dans un chagrin mortel, lorsqu'ils se trouvent seuls & incapables de se flatter, ils payent par des retours cuisants les sensations fines & galantes qu'ils ont eues, ou à un concert exquis, ou à une table splendide : on dirait que la nature se repent de leur avoir été trop favorable : elle a au contraire toutes sortes de ménagements pour ces débauchés spirituels, qui tâchent d'égayer leur raison & de la rendre libertine ; partagés entre les plaisirs & les réflexions, ils savent l'art d'en faire un mélange heureux, l'esprit brigue souvent l'amitié du corps.

Ovide, qui était un grand maître dans la science de vivre délicatement, a dit plus d'une fois que les moments de la vie les plus flatteurs lui paraissaient ceux où l'on réfléchissait sur les plaisirs qu'on avait eus & c'est alors que l'esprit prend diverses formes, qu'il change souvent de situation & qu'il devient un véritable Prothée : dans la vue d'examiner attentivement l'objet qui a su lui plaire ; il en étudie tous les rapports, il se retrace mille petites délicatesses dont il a brigué l'heureux secours, & qu'un sentiment trop vif avait dérobées à sa connaissance : je souhaite que cette maxime ne soit point entendue de tout le monde.

On voit par là de quel prix nous doivent être les moments où nous nous trouvons seuls ; il n'y a personne qui ne puisse se ménager un certain fond de pensées délicieuses pour s'en servi avec art : une si aimable provision est la plus nécessaire de toutes celles que la jeunesse offre à l'homme. Les plaisirs n'ont point seulement une utilité présente : ce sont des semences agréables que le coeur reçoit, & qu'il développe quand l'occasion s'en mêle. La conduite du Maréchal de Bassompierre peut donner quelque lustre à ce que je viens de dire ; ayant été arrêté par ordre du Roy & conduit à la Bastille, il s'avisa de composer l'Histoire de sa Vie d'une manière assez bizarre ; il écrivit avec ordre tout ce qui lui était arrivé chaque jour, & sa mémoire comme on l'assure n'était point un masque qu'empruntait sa vanité.

Les biens & les maux passés ont droit de nous occuper d'une manière charmante ; je crois même que les dangers qu'on a heureusement courus, inspirent à l'âme une espèce particulière de bravoure qu'on n'a point encore expliquée : elle est tout à fait différente de celle qui aveugle l'esprit, & qui lui dérobe la connaissance du péril. Virgile a dit avec assez de raffinement : *Nos malheurs mêmes nous doivent être précieux, on ne s'en ressouvient qu'avec plaisir.*

J'ajouterai une nouvelle réflexion à tout ce que j'ai dit jusqu'ici. Il n'y a point d'homme raisonnable qui ne soit quelquefois obligé de s'étudier. Sensible à tous ses besoins, la nature lui a imposé cette loi, & elle est d'autant plus belle que la raison l'a hautement confirmée ; une fine méditation aiguise l'esprit, perfectionne le goût & donne aux passions la retenue nécessaire pour en ôter le crime. Les objets enfin qui nous environnent, nous frappent avec plus de vivacité, quand nous avons soin de les soustraire quelquefois à nôtre vue : sans cela on s'apprivoise avec les plaisirs, & l'habitude en diminue le prix. Les retours fréquents que nous faisons sur nous-mêmes, renouvellent, pour ainsi dire, nos goûts ; il est cependant à craindre que l'ignorance ou la vanité ne nous rendent ces retours amers ; ce sont deux écueils, où l'esprit humain vient souvent faire naufrage.

Les droits de la vanité sont fort étendus. Coquette sans aucun ménagement elle nous empêche de nous connaître, la plus légère idée des faiblesses attachées à notre condition la trouble & l'inquiète ; de là naît l'ignorance : je ne suis pas surpris qu'elle ait toujours charmé les hommes : combien y a-t-il de raisons puissantes qui semblent la favoriser ; l'indolence de l'esprit, l'exemple des personnes distinguées par leur naissance ou par leurs emplois, la faiblesse des motifs qui la combattent, & surtout le mépris où les lettres semblent être tombées ? Que d'obstacles difficiles à vaincre ; cependant la science peut seule triompher de l'ennui le plus vif, & rien ne lui est plus glorieux que le plaisir qu'on éprouve, & souvent malgré soi, dans les recherches les plus difficiles & les plus sauvages. La vérité quoique enveloppée d'épines, ne laisse pas d'avoir ses agréments.

On ne manque jamais de compagnie quand on a du goût pour les sciences : adroitement reconnaissantes, elle nous suivent en tous lieux, selon le langage [5] de Cicéron. On les trouve & à la Ville & à la Campagne ; leur commerce n'a rien de dur ni de forcé, & la délicatesse semble en être le caractère. L'ami le moins sensible a ses intérêts, peut-t-il se piquer d'une plus grande fidélité ?

Chapitre IV

Des lieux où l'on peut s'ennuyer

tdm

Il me semble que l'homme n'est occupé que du soin d'inspirer aux autres la bonne opinion qu'il a de lui-même. Voilà le but des plus grandes passions, & l'origine les troubles qu'elles excitent ; la vanité nous anime d'une manière si flatteuse, que nous en sommes éblouis. L'air d'assurance qu'elle répand sur toutes nos actions, nous fait souhaiter ardemment que le public nous considère sous le même point de vue & quelquefois même nous nous flattons assez pour le croire ; les empressements les plus vifs d'un coeur ambitieux ne tendent qu'à se bien placer dans l'estime du monde : l'amour propre lui trace les routes les plus aisées pour y réussir. Il n'y a point de finesses & de subtilités qui ne soient de son ressort : j'ose le dire, ces nœuds secrets qui

---

[5]   V. son oraison pour le poète Archias.

lient certains caractères, n'ont d'autre fondement qu'une facilité imperceptible de recevoir les mêmes impressions ; par conséquent le Philosophe toujours occupé de vues sèches & épineuses, s'ennuye à la Cour, & le Courtisan plein de chimères & de son orgueil, s'exile des assemblées, où règne tout le sérieux de l'austère philosophie. Il y a des situations heureuses pour chaque esprit, & la veritable habileté consiste à en faire un choix délicat.

Tous les génies ne sont pas-propres aux mêmes études, & ils ne peuvent en tirer un égal profit, ceux qui ont de l'étendue & de la solidité, se familiarisent avec les épines de la Géométrie ou de là Métaphysique ; ceux qui pensent les choses finement puisent dans une imagination fleurie des idées vives & intéressantes. Un maintien grave & austère convient aux uns, l'air galant caractérise les autres ; on peut dire la même chose des différents lieux où l'on se trouve, & cette remarque mérite une attention singulière ; la nature n'est jamais plus belle que dans les bornes qu'elle se prescrit.

Les dépenses d'esprit doivent être sagement ménagées. La Cour demande du raffinement & de l'adresse. On brille dans les Villes en voulant moins briller : une complaisance ingénieuse & qui sait répandre les louanges à propos, s'ouvre une entrée facile dans les Maisons des Princes. Je ne sais quel air de pédanterie soutenu de grands mots & d'histoires extraordinaires, plaît plus dans les Provinces qu'un badinage naturel. On n'y estime que les traits marqués. Les conversations légères en sont tout à fait bannies : ceux qui ont un discernement vif, peuvent sentir l'embarras que causent ces différents points de vue. L'œil y est souvent trompé.

L'usage du Monde veut qu'on n'affecte point une science obscure & profonde dans les lieux où l'imagination doit prodiguer ses saillies. Toute la Grèce aurait moins admiré l'esprit galant d'Anacréon, si l'étude avait appesanti le système libertin qu'il s'était fait de la volupté. On est plus souvent contraint d'accorder à la bienséance ce qu'elle exige, qu'à la raison. Jaloux de leur pouvoir, les hommes ne veulent point qu'on choque les règles qu'ils établissent : aussi ne jugent-t-ils que sur les apparences. L'illustre Saumaise, un des plus judicieux Critiques du dernier siècle, s'aperçut bien 6 qu'il paraîtrait étranger à la Cour de France, & il refusa par cette seule raison les offres brillantes du Cardinal de Richelieu. Accoutumé au commerce muet de ses livres & à la sécheresse d'un cabinet savant, il sentit qu'il

____

6   Voyez les Lettres de Gui Patin.

manquait de cette politesse qui consiste plus dans les manières que dans les sentiments. L'air de liberté qu'on respire en Hollande, lui plaisait davantage. Il est certain que ceux qui sont touchés de ce que les sciences ont de sublime, traitent d'occupation superficielle l'art tant vanté de ne rien faire qu'avec grâce. Cependant sans l'étude de ces petits détails qui regardent l'extérieur, on s'ennuie dans le monde : elle nous fait aimer, & ces liaisons où le cœur croit avoir quelque part, & ces commerces où le soin de se réjouir tient le premier rang.

Saint Évremond ayant obtenu après un long exil la permission de revoir la France, n'osa entreprendre ce voyage. *Quel rang tiendrais-je*, dit-il agréablement, *dans une Cour dont j'ignore toutes les manières ? Accoutumés à l'air de mon visage & à ma façon de vivre, les Anglais me souffrent volontiers. Pourrais-je espérer la même indulgence des jeunes Français, qui haïssent tout ce qui leur rappelle l'idée de la vieille Cour ?* Ce discours cache une grande délicatesse de goût. En effet on doit fuir toutes les Compagnies dans lesquelles on n'est reçu que sous le masque d'étranger. Je ne connais point de maxime dans la science de l'honnête homme qui ait une plus grande étendue.

Je puis croire (& ce n'est point sans fondement) qu'il n'y a point de retraites si sauvages, où les gens d'esprit ne doivent trouver mille agréments. La solitude les effraye quelquefois : mais jamais elle ne les fatigue. Jérôme Magius, célèbre Ingénieur de la République de Venise, ayant été pris par les Turcs, ne voulut point se plonger dans la tristesse. Malgré les horreurs d'une prison cruelle, il composa deux excellents [7] Traités, ou l'on trouve toute l'élégance & la retenue d'un esprit tranquille : Je ne puis refuser mon estime à ces illustres malheureux qui ne perdent rien de leur gaieté naturelle, ou pendant un long exil ou dans une prison fâcheuse. Supérieurs à leurs disgrâces, ils savent les dépouiller de ce qu'elles ont de triste & d'affreux. Les plaintes ingénieuses de Bussy Rabutin marquent moins de sensibilité pour ses malheurs, que de force pour les soutenir.

---

[7] Un *de Equuleo* & un autre *de Tintinnabulis.*

Chapitre V

De l'exil d'Ovide

tdm

Je ne doute point que toute la Cour d'Auguste ne se soit intéressée à la disgrâce d'Ovide : l'Empereur même devait le plaindre, quoiqu'il se crût obligé de le punir. Sa délicatesse & son bon goût me le font croire. On ne poursuit qu'avec peine le vrai mérite, & la main qui se prépare à le frapper recule souvent malgré elle. Ovide avait l'esprit : riant prompt à se faire des images nouvelles & à les exprimer d'une manière hardie. Toujours plein de vues galantes, il savait l'art d'embellir les matières les plus sèches, & peut-être il les embellissait un peu trop. Son imagination était neuve : l'Étude qui gâte ordinairement le plus beau naturel, lui avait procuré cette élégance naïve qui passe de l'esprit aux manières. Je trouve la science inutile, & même haïssable, quand elle ne nous rend pas propres au commerce de la vie.

Les Ouvrages d'Ovide ont beaucoup de charmes. Ils

manquent à la vérité de ce feu qui cause les grandes passions : mais on y trouve je ne sais quelle douceur qui plait à tout le monde. Une uniformité gracieuse & délicate gagne l'esprit attentif, & elle l'oblige à s'intéresser au sort d'un Auteur qui l'occupe agréablement.

On ignore le véritable sujet de la disgrâce d'Ovide. Quelques-uns prétendent qu'un attachement trop déclaré pour la fille d'Auguste, le perdit. D'autres en rejettent la cause sur le libertinage qui règne dans ses écrits. Quoiqu'il en soit, son Art d'aimer est une des plus belles productions des Anciens, & jamais on n'a traité la galanterie avec plus de méthode. L'amour même semble lui avoir cédé toute son éloquence. Malgré tant d'heureux talents, il fut obligé de quitter Rome pour s'aller cacher dans un pays barbare. La peinture qu'il fait de son départ est si touchante qu'on a quelque plaisir à le voir malheureux : *je ne puis*, dit-il [8], *sans répandre des pleurs, me rappeler cette nuit cruelle, où je fus obligé de quitter Rome & tout ce que j'avais de plus cher au monde. Un ordre rigoureux me pressait. Peu maître de mon esprit, à peine avais-je pu me résoudre à partir. Que dis-je ? J'étais entièrement semblable à un homme qui vient d'être frappé du tonnerre, & qui doute encore s'il vit. Quand la raison eût calmé mes premières*

---

[8]   Voyez l'Élégie *Cum subit illius tristissima*, etc.

alarmes, je me trouvai entre les bras d'une épouse mourante & qui me serrait tendrement. Les pleurs de mes amis redoublaient mon désespoir, & j'avais le chagrin de n'en voir que deux on trois qui s'intéressaient mon sort. L'appareil qui précède la peine ou le plaisir, me paraît être ce qu'il y a de plus rude ou de plus charmant dans la vie.

Ovide mourut exilé & sans avoir pu fléchir l'inclémence d'Auguste. Son occupation dans le pays du monde le plus sauvage, était de plaindre ses malheurs & de les faire sentir à ses amis. Privé de tout commerce, il se livra aux Muses, & elles charmaient sa mélancolie. Une douleur qui s'exprime avec autant d'art que s'exprimait celle d'Ovide, me paraît trop savante, pour accabler entièrement un esprit délicat. Que sais-je même, si elle ne sert pas à rendre la vie moins ennuyeuse ? Le cœur veut être occupé, quand il le serait désagréablement : il craint surtout de languir dans cette oisiveté fade & honteuse, que l'amour propre regarde comme sa plus cruelle rivale.

Chapitre VI

Réflexions sur ce qui peut rendre la solitude agréable

tdm

Il y a des moments heureux pour quitter le grand monde. Un repentir vif, mais inutile tourmente ceux qui ne savent pas en profiter. Souvent la raison est trop libertine pour s'écouter elle-même. La décadence d'une réputation brillante, le besoin de se faire de nouveaux amis, la crainte d'une disgrâce prochaine, & surtout de trop grandes faveurs de la Fortune nous annoncent le temps le plus propre à chercher une retraite honorable. On se retire alors du monde avec toute son estime : quelques heures après on commence à l'ennuyer : Uniquement sensibles à ce qui les frappe, les hommes ne veulent point que les mêmes acteurs s'offrent toujours à leurs yeux : une nouveauté moins gracieuse leur plaît plus qu'une brillante uniformité. Tel est notre caractère. Xerxès, si connu par la formidable armée qu'il mena en Grèce, vivait au milieu d'une Cour où le libertinage le plus hardi n'avait laissé rien à désirer. Cependant peu satisfait de son sort, il promit des récompenses magnifiques à ceux qui inventeraient de nouveaux plaisirs, & l'art qui les étudie, était le moyen le plus sûr pour gagner ses bonnes grâces.

La même habileté qui soutient un grand rôle, doit y renoncer à propos. Éclairée par des réflexions sages & utiles, elle consulte moins ses propres intérêts que ceux des autres. Les hommes veulent souvent pour admirer, qu'on leur épargne la peine de craindre. Cicéron, en représentant à César qu'il devait vivre pour lui-même, crut le louer d'une manière délicate. *Tout l'univers*, lui [9] dit-il, *a admiré la justesse de vos desseins & la rapidité de vos conquêtes. Sûr de votre réputation, livrez-vous entièrement à vous-même.* De si sages conseils n'effarouchent point l'amour propre : il se cache souvent pour paraître avec plus de vivacité.

Apprivoisés avec les idées flatteuses qu'offre le grand monde, nous méprisons une retraite tranquille. Cependant elle a ses charmes, qui font oublier agréablement le tumulte des affaires. Une nonchalance oisive se refuse aux passions trop fières & trop emportées : mais elle admet celles qui

---

[9] Voyez l'Oraison *Pro M. Marcello*.

sont douces & touchantes. Ce que les sentiments ont de plus fin & de plus exquis, semble lui être destiné. Monsieur de Fontenelle en louant la vie pastorale, avoue qu'elle est exempte de ces agitations où l'on cherche plus l'éclat que le plaisir. Nés dans le sein de l'abondance, les Bergers n'ont d'autres emplois que ceux qu'une paresse ingénieuse caractérise. La Nature toujours riante & qui ne cherche point à tromper leurs regards, les presse de jouir de la vie. Mille riens amoureux, un badinage léger, des bagatelles qui échapperaient à d'autres yeux, les occupent. Enfin la tranquillité charmante dont on jouit à la campagne, semble avoir fait naître la galanterie. Oserais-je le dire : cette tranquillité ressemble à une belle, dont la négligence & le dérangement ont plus de grâce qu'une parure étudiée. L'art gâte souvent ce que la Nature a pris soin d'embellir. L'esprit est gêné, quand il s'efforce de remplir tous les devoirs de la vie civile. Une crainte secrète le retient : l'envie de plaire l'agite continuellement : mais il retrouve dans la retraite cette douce liberté dont dépend sa force & sa délicatesse. C'est là que les passions perdent ce qu'elles inspirent de trop audacieux, & que le cœur n'emprunte rien de l'art : ses sentiments sont vifs sans hardiesse & agréables sans nonchalance. La fraude surtout & la dissimulation n'osent les corrompre. Virgile s'est servi de ces traits, pour embellir la description [10] qu'il nous a laissée de la vie pastorale. C'est proprement celle qui convient aux Muses, & qui adoucit l'austérité de leur sagesse. Coquettes avec cette prudence qui rend la coquetterie aimable, elles haïssent les lieux trop fréquentés.

Je me persuade aisément que la vie la plus délicieuse est telle qu'on passe loin des distractions du monde. On s'épargne bien des peines & bien des chagrins, qui en sont une suite inévitable. Il y a quelquefois de la grandeur d'âme à fuir le danger. Moins l'homme a de rapports brillants avec les objets qui l'environnent, moins il est contraint & gêné : plus son bonheur est solide. On ne se plaît à la lecture de l'Astrée ou à celle des Poésies Pastorales [11] que parce qu'on4y trouve l'image d'une vie tranquille. Destinée aux inclinations les plus agréables, elle représente une nonchalance délicieuse & préférable aux mouvements de l'ambition la mieux récompensée.

L'orgueil de l'homme le rend malheureux. Inquiet, ardent, avide de nouvelles connaissances, il s'agite & s'égare : au lieu qu'il devrait se contenter de jouir des avantages que

---

[10]   V. le VIe Livre des Géorgiques.

[11]   Telles que l'*Aminte du Tasse*, le *Pastor fido* de Guarini, etc.

lui offre la Nature, libérale seulement envers ceux qui ne veulent point l'approfondir. Épicure est peut-être le premier auteur de cette judicieuse réflexion : du moins elle a été fort applaudie par les Philosophes, qui se sont déclarés en faveurs de sa morale. Horace la fait valoir d'une manière charmante. Personne certainement n'y était plus propre. Né avec tous les avantages qui forment un sage libertin, il était l'ornement de la Cour d'Auguste : mais ami de l'indépendance, il s'excusa auprès de l'Empereur qui lui offrait une place de Secrétaire de son Cabinet. La plus haute Fortune ne tente point un cœur endormi dans cette mollesse spirituelle que l'amour de l'étude caractérise.

Je dois remarquer ici qu'on trouve parmi les Oeuvres mêlées du Chevalier Temple un essai fort ingénieux sur la retraite. Ce sage Anglais avait été employé dans des Négociations fort importantes, & y avait réussi. Il s'était même assez distingué pour jouir de son propre mérite : mais dans le temps qu'une révolution imprévue, semblait l'appeler aux premiers emplois : il se retira de la Cour, pour s'abandonner entièrement à l'étude. *Rien n'est plus agréable,* écrivait-t-il dans sa retraite, *que l'oisive tranquillité d'un Philosophe qui s'étudie lui-même : il n'est point esclave des honneurs ni des emplois publics. L'envie de devenir sage & heureux l'occupe uniquement. Maître de son cœur, il le dérobe à cette foule de passions qui se disputent entre elles le triste plaisir de le déchirer. Sa prudence examine tout : mais elle n'est point incommode.* Le Chevalier Temple parlait de la vie privée, en homme qui l'avait choisie par goût & non par affection : il était fatigué d'un embarras illustre. La Nature ne nous accorde que fort peu de biens, & nous en sommes très convaincus : mais par je ne sais quelle fatalité, nous détruisons nous mêmes notre bonheur, en redoublant notre attachement pour des choses vaines & incapables de rassasier un cœur noble.

Chapitre VII

De la préférence que les grandes Villes méritent sur celles qui sont moins fréquentées

tdm

Les plus honteuses passions décident du sort des hommes. Une avarice criminelle les conduit dans ces climats barbares, où la Nature est presque méconnaissable. L'ambition qui s'épuise en projets chimériques, les arrache aux douceurs d'une vie privée & les plonge dans mille chagrins. Toujours en proie à des folles illusions, ils ne se procurent des asiles que pour en être chassés par de nouveaux soins. Une espérance trompeuse amuse & séduit leur crédulité. Oserai-je le dire : elle ressemble à ces ondes fugitives qui irritaient la soif du malheureux Tantale, & qui ne l'irritaient que pour le trahir.

La vue d'une Mer agitée & qui cède à la fureur des vents

& des flots est presque l'image de la vie humaine. Cette comparaison a été assez bien maniée par un Poète [12] Flamand, celui d'entre les Modernes qui a le mieux imité Tibulle& Properce. Chacun se propose un terme qu'il appelle le but de ses travaux : c'est là qu'il borne des vœux quelquefois inutiles, toujours rapides. Mais le croira t-on ? Ce terme s'éloigne de lui, à mesure qu'il croit s'en approcher. De fausses lueurs l'arrêtent quelque temps. Enfin le nuage se dissipe, & son avidité n'en devient que plus forte. Que je plains l'homme ? Il souhaite le repos, & toute sa vie se passe dans des allées & des venues. Lauriers sanglants, honneurs incertains, réputation chimérique, nous vous sacrifions nos veilles : que dis-je : nos plaisirs & nos sentiments ? La vieillesse glacée & déjà compagne de la mort, s'abandonne aux mêmes soins que cet âge impétueux, le triste jouet des passions les plus violentes.

Raisonnables, c'est la raison que nous consultons le moins. Je pourrais adresser à tous les hommes ce qu'un Prêtre Égyptien adressait à un Peuple moins connu par son jugement que par son esprit. *O Grecs, o Grecs, vous serez toujours enfants & vous ne respecterez, jamais la prudence dont la vieillesse est si respectable.* En effet on ne devient point sage

---

[12]   Par S. Hoschius, Jésuite d'Anvers.

dans le monde aux dépens de ceux qui ont été fous. On les plaint quelquefois, & on les imite. *Les sottises des pères*, dit un Auteur [13] judicieux ; *sont perdues pour leurs enfants*. Quoiqu'il en soit, la sagesse ne veut point qu'on abandonne les Grandes Villes, de peur d'y trouver plus de ridicules que dans celles qui sont moins fréquentées. Cette espèce de saillie ne convient qu'au Misanthrope de Molière. Il y a une certaine quantité d'extravagances répandue parmi les hommes : leur hardiesse dans quelques lieux en répare le nombre.

Nous sommes tous nés pour la société, sensibles à ce qu'elle a d'agréments, nous lui devons rendre un compte exact de nos actions, quelquefois même de nos pensées. Les défauts inséparables de notre conduite, en serrent les liens. Avec trop de perfections, l'orgueil de l'homme serait insupportable, & qui voudrait subir un joug qu'il croirait devoir imposer ? Quoiqu'il en soit, ce joug est presque imperceptible dans les grandes Villes. Les rangs y sont confondus, & cette espèce de désordre offre un air de liberté peu réel, mais vif & flatteur.

Tout le contraire arrive dans les petites Villes. La

---

[13] M. de Fontenelle.

contrainte & la gêne en bannissent la naïveté, & les manières y font perdre ce que le commerce de la vie a de gracieux. Balzac obligé de vivre au fond de la Province, s'en est plaint dans plusieurs de ses Lettres. Quoiqu'il aimât naturellement le faste & l'éclat, il sentait que la société en souffrait beaucoup. On dit même que sa conversation était légère & polie ; heureux s'il avait pu répandre cette aménité dans ses Lettres qu'on ne relit jamais pour le plaisir : quand on les a lues pour s'instruire de quelques faits particuliers !

La vraie politesse ignore la route des Provinces ; elle est naturellement libertine. Les manières trop concertées l'effarouchent, & cet air mystérieux qui corrompt la simple nature, inquiète son goût. Aussi quitte-t-elle rarement les Villes capitales. Je l'avouerai sans crainte : elles attirent par un charme secret tout le mérite qui brille dans les Provinces : elles le polissent & lui donnent le degré de perfection, qui gagne les suffrages de la postérité. Souvent un homme d'esprit se repent d'y être arrivé trop tard. Tite-Live ne pût se défaire de je ne sais quel air de rudesse qu'il avait contracté à Padoue, & les Ouvrages de Cicéron se sentaient d'une certaine débilité, propre au lieu de sa naissance. Tous ces défauts nous échappent aujourd'hui. Un Philosophe célèbre & qui avait fort étudié la Langue

Grecque, fût reconnu pour étranger par une Marchande d'Athènes. Sa prononciation était peu exacte. Il y a des finesses de goût, que l'étude n'enseigne jamais. On doit se savoir bon gré quand dès sa tendre enfance on a profité du voisinage de la Cour & du commerce des honnêtes gens.

On ne se perfectionne cependant point dans toutes les Villes capitales. Saint Evremond n'en connaissait que trois propres à fixer un homme d'esprit. Admirées par les yeux les plus indifférents, les ruines de Rome rappellent son ancienne splendeur & on goûte à Londres une liberté précieuse, & la politesse Française rend Paris le séjour du monde le plus aimable. L'orgueil ou la barbarie triomphe dans les autres Royaumes. Flatté par des espérances qui le trompèrent, Buchanan se rendit à Lisbonne. Il était aussi bon Poète qu'Historien judicieux. Ces qualités lui furent fatales dans un pays où le mérite est exposé aux fureurs d'un zèle indiscret. Il voulût revoir la France, & il y arriva heureusement. On pourrait interroger la nature sur les soins qu'elle se donne, pour répandre plus d'agréments dans un lieu que dans un autre. Est-ce injustice, est-ce bizarrerie ?

Il est certain que ceux qui s'appliquent aux sciences doivent se retirer dans les Villes Capitales ; on y jouit de tout ce qui anime l'étude : des Bibliothèques nombreuses, des conversations savantes, enfin de l'émulation. Elle est pour ainsi dire, l'âme du bon goût. On a lu avec quelque plaisir les Ouvrages de Monsieur le Pays, on les admire même dans les ruelles & les cercles Bourgeois. Cet Auteur ne manquait ni d'adresse ni de sentiments, mais une fortune médiocre l'avait jeté sur les montagnes du Languedoc ; il avoue dans une de ses Lettres que sa Prose serait plus châtiée & ses Vers plus élégants s'il avait vécu à Paris. L'aveugle Dieu qui préside aux richesses, est rarement touché par la douceur de la Poésie, ou la sublimité de l'éloquence.

Un Philosophe peut cependant choisir une retraite écartée & tranquille. Je dois cet aveu à la mémoire du fameux Descartes. Capable de secouer le joug d'une admiration superstitieuse, il osa plus que les anciens, & destiné à produire des idées neuves, il apprit aux hommes l'art de raisonner. Cette époque est la plus illustre de toutes celles qui regardent la république des Lettres. Descartes se retira en Hollande pour se livrer tout entier à sa chère Philosophie. Une maison solitaire le déroba quelque temps aux acclamations de l'Europe ; mais enfin il fût connu & la Reine de Suède l'attira à sa Cour : C'est blesser le Public que vouloir se soustraire à sa vue, il recherche avec autant d'empressement le Philosophe qui se cache, qu'il évite le Poète qui se produit.

Chapitre VIII

Si les gens d'Étude sont sujets à s'ennuyer ?

tdm

Le monde n'est point encore guéri d'un préjugé fatal aux sciences. Il en retarde les progrès, & fait triompher la paresse, dont le déshabillé paraît avec plus de charmes que la parure la plus magnifique. Un joug que l'amour propre impose, devient léger & gracieux, souvent la raison, malgré sa fierté naturelle, a la complaisance de s'y soumettre.

On s'imagine ordinairement qu'un homme n'est point occupé, quand il consacre sa vie à la lecture & à la méditation, l'ignorance le plaint, excitée par ce que l'exemple offre de plus vif & de plus prestant, elle va même jusqu'à croire qu'il s'ennuie. Hardiesse étrange, & qui n'est injuste que parce qu'elle est aveugle ! L'envie de savoir, quelque forte qu'elle soit dans l'homme, a souvent été la dupe de son orgueil. Les passions se détruisent l'une l'autre,

& nous croyons les vaincre.

On rapporte tout dans le monde aux progrès d'une fortune imaginaire. On vante ceux qui s'y appliquent uniquement, & ces louanges que le coeur dément quelquefois en secret, font une vive impression. L'amour propre se dédommage toujours ; est-il juste en effet, qu'on traite d'occupation sérieuse le désir d'amasser des richesses, & d'occupation chimérique le soin de polir son esprit ? Préférence bizarre & qui s'est établie à la honte du genre humain ! Devrait-on acheter l'honneur d'être raisonnable ? Il est certain que rien ne mérite plus d'estime que les efforts d'un esprit éclairé ; l'ambition des Savants n'a pas été moins heureuse que celle des Héros. Laborieux & exact, le Philosophie a souvent obligé la nature de venir lui rendre compte de ses Ouvrages ; hardi dans ses expressions, l'Orateur dompte les esprits rebelles, & [de???] dans ses pensées, le Poète redouble les plaisirs en découvrant de nouvelles manières de sentir. Peut-on méconnaître la noblesse de ces occupations ? C'est la nature elle-même qui nous avertit de traiter honorablement un loisir délicat.

J'abandonne à la critique la plus austère ces Savants qui admirent jusqu'aux sottises de l'antiquité, plus soigneux de connaître ce que les hommes ont fait que ce qu'ils ont dû faire ; qu'on blâme tout ce qui a pris la place du vrai, le sublime outré & les systèmes incertains, soit de Physique, soit d'Histoire ! Une connaissance fausse ou inutile n'est jamais excellente, mais qu'on approuve cette étude qui rend le commerce de la vie plus délicieux !

J'avais intérêt de faire toutes ces réflexions. Des yeux moins éclairés que vigilants m'ont quelquefois demandé compte de mon loisir ; ils me faisaient un crime d'une ambition savante & peu nécessaire aux grands établissements. J'ai senti que la vanité leur inspirait un pareil langage, & je les en ai convaincus ; mais ils s'imaginent à leur tour qu'il y a un plus grand air de vanité à mépriser leurs avis : ils se fondent sur la coutume, & sur le préjugé général qui dédaigne encore les sciences, malgré la politesse où elles sont parvenues. J'ignore l'art de me réconcilier avec eux ; le public jugera si je dois l'apprendre aux dépens de mon esprit, il m'est cher, & peut-être immolerai-je tout au plaisir de le cultiver.

Chapitre IX

La crainte de s'ennuyer a fait naître les plaisirs

tdm

Les hommes ne se sont point soumis volontairement les uns aux autres, je ne sais quelle idée chimérique d'indépendance séduisait leur vanité : elle les flatte encore quoiqu'elle paraisse fort éloignée de leurs véritables intérêts. La nécessité seule les a réunis & moins timide que la raison, elle agit impérieusement, & le même jour qui voit naître ses droits les affermit.

Les Arts doivent leur origine aux différents besoins que les hommes en ont eus, & ces besoins se sont multipliés à mesure que le bon goût s'est établi dans le monde ; plus on a pensé, & plus on a agi. L'abondance en inspirant l'oisiveté raffine les esprits, compagne fidèle de la paix & du repos, elle ne s'occupe que de ce qui la peut flatter. Tel est le sort des gens heureux. Ils pensent toujours d'une manière agréable, & les choses les plus indifférentes acquièrent de nouvelles grâces en passant par leur imagination.

Le premier âge de la République Romaine fut remarquable par une austérité de mœurs singulière. La Barbarie s'était transformée en amour du bien public, les actions les moins naturelles paraissaient les plus estimables. On n'avait alors aucune idée de cette véritable grandeur d'âme que la raison éclaire & qu'elle conduit. La fureur était une vertu de goût, & le Héros qui avait triomphé des ennemis de l'État, ne rougissait point de s'abaisser à des occupations serviles. Mais enfin la puissance de Rome s'accrût ; délivrée de ces craintes importunes que sa faiblesse rendait encore plus vives, elle songea à se polir. Des sentiments humains, mais inspirés par une noble hardiesse, succédèrent à l'ancienne férocité. Je passe tout d'un coup au siècle d'Auguste si fameux par l'élégance & la politesse qui l'ont caractérisé ; la mort d'Antoine & la défaite du jeune Pompée lui assurèrent l'empire du monde. N'ayant plus rien à vaincre, il craignit de s'ennuyer au milieu de sa Cour, & sa crainte heureusement ingénieuse, la rendit brillante & magnifique. Les Poètes surtout y furent bien reçus. Leurs saillies flattaient agréablement un Empereur, qui savait l'art d'en être touché

On ne vit jamais, à Rome plus de jeux & de divertissements. Le peuple en était affamé. Sensible à ces nouveautés charmantes & qui lui faisaient sentir son abondance, il courait en foule aux Cirques & aux Théâtres publics. Un certain nombre de Magistrats en avait l'intendance, & ils se conciliaient l'estime de l'Empereur, à mesure que les spectacles étaient plus gracieux. L'amour du plaisir fuit presque toujours la crainte de s'ennuyer, & le plus haut point de puissance destiné à une nation, est proprement celui où elle aime davantage, & les jeux & les spectacles. Des exemples récents pourraient confirmer ce que je viens de dire, mais je crains de les rapporter. Les choses trop voisines de notre âge plaisent moins que celles qu'offre l'antiquité.

Il est certain que les plaisirs se sont établis, à la faveur de cette oisiveté douce & spirituelle qu'un juste discernement préfère aux occupations les plus brillantes. L'étude n'ose la caractériser : mais elle en relève les principaux agréments. Telle était l'oisiveté de Pétrone. Instruit dans l'art de penser finement, il se partageait entre les plaisirs & les réflexions. La volupté flattait son attachement à l'étude, & une étude exquise redoublait son goût pour la volupté. Ce mélange est digne d'une estime singulière. Pétrone avait l'intendance des Jeux & des Spectacles, où Néron venait se délasser. Prudemment libertin, il savait ordonner une Fête & la rendre à chaque instant nouvelle. Rien ne lui échappait, de tout ce qui peut chasser l'ennui & la tristesse. Les Pétrones sont nécessaires dans les Cours voluptueuses. Ils en exilent ce que la débauche a de farouche & de grossier.

Je ne ferai ici que peu de réflexions sur le génie, qui est le plus propre à ces raffinements dépouillés d'artifices, qu'exigent les plaisirs. Scrupuleux sans crainte & délicat sans affectation, il s'écoute curieusement & se renouvelle chaque jour. Rien ne lui fait plus de tort qu'un attachement suivi, ou des occupations trop séreuses. Il est certain que le goût s'émousse dans le bruit & le tumulte des affaires. Il perd insensiblement tous les avantages que procure une indépendance spirituelle. Ovide ne nous aurait pas laissé un système d'amour si exact & si flatteur, s'il eut toujours suivi le Pareau, où des raisons de famille l'avaient destiné. Une imagination refroidie par l'étude sèche & abstraite des Lois, ne peut guère se porter à des vues galantes.

Il y a des tours d'esprit propres à chaque état. Celui qui est sensible aux attraits de la volupté, dédaigne le tumulte & l'éclat des affaires.

Paresseux en apparence, il s'enveloppe d'une obscurité souhaitable & la rend maîtresse de son goût. Je me retrace ici, & je me retrace avec plaisir, le caractère de l'ingénieux Chapelle, si connu par la manière badine dont il a su voyager. Il craignit toujours les engagements qu'on lui conseillait de prendre avec la Fortune, & qu'on ne prend point sans crime, ou sans remords. Une flatteuse médiocrité animait sa nonchalance, & sa nonchalance appréhendait le grand jour. Il aima les plaisirs par goût & il cultiva sa raison par tempérament. Je crois que cette route est la plus sure pour ne point tomber dans des excès nuisibles.

Chapitre X

Réflexions sur l'usage qu'on doit faire des plaisirs de la table, pour éviter l'ennui

tdm

On ne se donne point de nouveaux goûts. L'homme habile s'efforce de conserver ceux qu'il a reçus de la nature, & de les perfectionner. Ennemi d'un raffinement chimérique, il consulte sans cesse le système que lui dicte son coeur, système fondé sur ce qu'il sent, & non point sur ce qu'il pense. On ne peut trop s'écouter ni trop se craindre. Ceux qui ont moins de discernement, s'imaginent au contraire que le goût est le fruit d'une étude sérieuse. Exposés à un tour d'esprit aussi bizarre que ridicule ils veulent que ce qui plaît aux autres hommes leur plaise avec la même vivacité. Quelle extravagance ! Les impressions de la nature ne se communiquent point. Elle est jalouse de ses droits, & cependant elle varie tous ses Ouvrages. La portion de plaisirs attribuée à une manière de sentir, lui est entièrement propre & ne souffre aucun partage. Oserai-je le dire : elle me semble isolée. Je ne propose ici qu'une première vue : ceux qui la porteront plus loin, doivent en être flattés.

Il est certain que plus on a de goûts, plus on vit heureux. Lucien les compare à des hôtes aimables, qui attendent un voyageur sur son passage & qui lui prodiguent des caresses d'autant moins suspectes, qu'elles sont précipitées. L'art n'ose corrompre ce que la nature offre sans contrainte ; mais quand elle s'abandonne trop à elle-même, les passions s'établissent sur ses ruines, & elles causent un si grand désordre, que le goût s'évanouit entièrement. On ne sent point alors : on est entraîné.

Voilà ce qui arrive souvent dans les tables les plus splendides. On y écoute d'abord les mouvements d'une joie inspirée par la bizarrerie des mets, ou par la finesse d'un vin délicat. On s'enhardit dans la suite, & la liberté qui animait les convives, se tourne insensiblement en fureur. Ainsi se termina la débauche funeste, où Clytus fut assassiné. Un poignard sanglant effraya les plaisirs ; que pouvaient-ils faire ! Ils n'avaient jamais assisté qu'à des fêtes galantes.

L'ancienne Rome se piquait d'avoir emprunté des Grecs la vraie politesse ; cependant elle ne pût jamais la faire briller dans ses repas. Ils étaient grossiers & insipides pendant la jeunesse de la République. Le luxe n'étudia dans la suite que le prix des ragoûts, sans s'embarrasser de leur élégance. On préférait une table payée à grands frais à celle qui était ingénieuse & délicate. Étrange caprice ! Les plaisirs ne veulent être achetés que par des souhaits vifs & ardents. Ils n'exigent point d'autre dépense. Je ne crois pas que le premier mérite d'un repas consiste dans une abondance curieuse & recherchée. Qu'on m'offre d'un vin de Palerme, dont la vieillesse ne soit point combattue : qu'on me serve des huîtres du Lac de Lucrin, du poisson de Minturne, des oiseaux venus de Colchos. Serai-je entièrement satisfait ? Immobile & peu attentif au prix des ragoûts ; je ne ressentirai aucun plaisir : si des convives aimables ne m'excitent à la joie & ne s'empressent à la rendre spirituelle. Le bonheur ne consiste point à être distingué des autres hommes, mais à être plus flatté qu'ils ne le sont ordinairement.

Théodore de Bèze que je n'ose louer, quoique sa Muse ait beaucoup de feu, ne vante point la magnificence d'un repas qu'il [14] destinait à ses amis. Il invite seulement les plaisirs & la gaieté de venir ; présider à sa table. *Qu'elle sera flatteuse*, dit il, *quand le Dieu du vin en aura banni le triste sérieux, la langueur secrète, les disputes frivoles, et surtout les raisonnements tirés de l'austère Philosophie ! La joie s'établira sur leurs ruines, et elle pourra exciter la jalousie des Dieux.* Oserai-je l'assurer : les plaisirs qui nous font des jaloux, me paraissent les plus souhaitables.

J'ai dit que les bons repas devaient exceller en gaieté, elle en est tout l'ornement, &, si je l'ose dire, le vrai caractère. Sans son secours, on languit tristement : mais il faut beaucoup de précautions pour s'en assurer. Craintive & sujette à mille caprices elle évite les compagnies trop nombreuses, les caractères incertains, & en général tous ceux qui exagèrent ou la folie ou la sagesse. Quelquefois elle s'échappe sans qu'on s'aperçoive de sa fuite.

Rien par conséquent n'est plus propre à chasser la tristesse qu'une table délicate. Le front le plus sombre s'y déride, & la plus austère gravité emprunte insensiblement de la folie ce badinage élégant qui plaît, sans être admiré. Un vin exquis étourdit la raison & anime ce feu, qu'elle

---

[14] Voir ses Poésies Latines.

tâche d'éteindre par je ne sais quel motif de bienséance. Les bons mots brillent alors : ils plaisent d'autant plus qu'ils sont dépouillés de cette symétrie ennuyeuse qu'on observe partout ailleurs. La Musique n'offre pas une matière indifférente à la joie, principalement lorsqu'elle est vive. Les chansons polies & pleines de feu font oublier ce que la débauche a peut-être de trop hardi : elle se prive de sa rudesse & de sa grossièreté, en s'offrant sous des traits agréables ou sous des pensées gracieuses. L'ennui peut-il se plaire dans de telles compagnies, & ne s'échappe-t-il point d'une manière imperceptible ?

Chapitre XI

Du génie propre à animer la conversation

tdm

On a exposé avec quelque succès l'art de plaire dans la [15] conversation. On en a même su gré à l'auteur : cette manière cependant ne paraît point susceptible d'aucune méthode certaine. Et quelle méthode peut donner à l'esprit cette finesse, qui pique & qui réveille les compagnies les plus languissantes ? Je l'assurerai sans crainte : elle ne s'acquiert ni par la lecture ni par la méditation Ne puis-je point dire qu'elle est semblable à un songe flatteur, qu'on se retrace avec plaisir, mais dont on ignore & l'origine & l'histoire.

L'humeur plaît plus dans la conversation que l'esprit. Je ne m'en étonne pas. L'humeur offre des bizarreries & de la

---

[15] L'Auteur de cet ouvrage est l'Abbé de Bellegarde.

naïveté : elle n'achève ni ne perfectionne rien. Contente d'effleurer ce qui l'agite elle passe d'un objet à l'autre avec je ne sais quelle légèreté qu'on approuve malgré soi. Ces sortes de caprices marquent une imagination hardie & ne peuvent se payer. On admire ces parterres pompeux & autorisés, si je l'ose dire, par l'esprit géométrique : Mais l'oeil eût souvent plus flatté, à la vue d'un jardin où règnent un goût bizarre & une symétrie hasardée par la nature. Trop d'arrangement ennuie & fatigue à la fin. D'heureuses saillies excitent la conversation. Elles sont ordinairement le partage des Dames. Nées avec moins de régularité d'esprit que les hommes, mais avec plus de finesse, elles s'égarent quelquefois, & on aime à s'égarer avec elles. La coquetterie qui est le fond de leur humeur, leur accorde la liberté de dire bien des choses que les hommes n'oseraient dire, & qu'ils recueillent avec soin. Je me suis même aperçu souvent que leurs discours étaient une peinture si naturelle & si parfaite de passions, qu'elles s'animaient d'une manière violente. Quand le coeur fait parler, qu'on parle d'un air décisif ! Le même tour d'esprit qui rend les Dames propres à la conversation, les fait briller dans les lettres qu'elles écrivent. On ne peut les frustrer de cet éloge.

Il ne faut point être trop essentiel ni trop profond dans le monde poli. La douceur y est plus de mise que la science. Que je me serais ennuyé avec ces Philosophes dont on a recueilli [16] les conversations & les propos de table ! Toujours empruntés & toujours austères, ils riaient sérieusement & ne pouvaient se dérober à ce que l'étude a de triste ou de sublime. Il y a un talent de dire de petites choses, préférable quelquefois à celui d'en dire de grandes : mais ce talent n'est point connu du Philosophe.

Un badinage léger doit être l'âme de la conversation. Il aiguise l'esprit & ne l'occupe que superficiellement. Ce qui fait qu'on écoute & qu'on répond à propos. La complaisance que les autres ont de nous entendre discourir, doit être payée par une complaisance réciproque : du moins il faut les satisfaire par une mine attentive & des applaudissements étudiés. Cet extérieur plaît surtout à la Cour. Les personnes d'un rang élevé veulent qu'on les écoute & préfèrent l'attention qu'un homme d'esprit leur prête, aux soins qu'il pourrait prendre de les réjouir.

Gui Patin connaissait toute l'étendue de cette maxime, & il avait par-dessus cela beaucoup de ce feu, qui plaît dans une société spirituelle. Formé sur la lecture des anciens, il

---

[16] Voyez Platon, Athénée & Plutarque.

possédait l'art de plaisanter, & de plaisanter quelquefois aux dépens de ses meilleurs amis. On le cherchait avec plaisir, & on le quittait avec un empressement vif de le retrouver. D'illustres [17] Magistrats étaient si charmés de sa conversation qu'ils lui avaient offert une somme d'argent pour le dédommager du temps qu'il voulait bien passer avec eux. Ce trait est bien singulier, & il a plus de rapport aux moeurs des Anciens qu'aux nôtres.

Pour moi je n'imagine rien qui orne plus un homme que *l'art de plaire dans la conversation.* Heureusement adroit & presque original, il est partout souhaité. Ses mœurs sont douces : des vues générales & accommodées aux différents besoins de la société caractérisent sa manière d'agir. Tel était le fameux [18] Bautru, qui joua longtemps à la Cour un rôle assez difficile. Les plaisants de profession n'y réussissent qu'avec peine. Ils sont exposés à des yeux qui ont en même temps trop de justesse & trop d'étendue. Ménage nous apprend que Bautru savait parfaitement *remettre les conversations les plus languissantes.* Cette louange est délicate & ne convient qu'à très peu de gens. L'indolence & l'aridité s'emparent quelquefois des meilleures compagnies. On

---

[17] M. de Lamoignon.

[18] Voyez son article dans le Dictionnaire de Bayle.

épuise les nouvelles publiques : on se regarde avec des yeux égarés, on s'ennuie à la fin. Je fais une peinture fidèle de ce qui arrive souvent dans le monde. Que les Patins & les Bautrus seraient alors d'un grand secours !

Chapitre XII

Des caractères ennuyeux

tdm

On est presque toujours la dupe de son jugement ou de sa mémoire, ou de son imagination, & quelquefois sans s'en apercevoir. Voilà la source des caractères ennuyeux. Personne n'ose paraître dans son déshabillé : chacun se masque : chacun cherche une parure étrangère, pour l'offrir aux vœux du public. Il semble que le monde soit une salle magnifique, où la Nature donne le bal. On ne veut point y être connu, & nous nous efforçons d'y jouer le rôle qui nous convient le moins. Cependant la parure la plus agréable est celle qui est naturelle. Un fol qui n'offre que des saillies prend le pas sur le Philosophe emprunté dans sa sagesse. En général tout ce qui est gêné ne peut glaire, & ce qui ne peut plaire devient ennuyeux.

Le jugement fait les hommes sensés, & rien au monde n'est plus estimable qu'un jugement sûr, droit & incapable de se laisser surprendre. Cependant il forme la première classe des caractères ennuyeux. Cette proposition n'est point un paradoxe. Qu'on examine les gens qui veulent tout réduire en idées générales, ceux qui vont uniquement saisir dans les moindres choses je ne sais quoi d'essentiel & qui est indépendant des usages ordinaires : on verra que leur commerce n'a point de charmes. Ils pensent, si je l'ose dire, pour l'honneur de penser, & jamais pour plaire. Leur sublime est fondé sur leur orgueil, & l'orgueil qui vient de la raison, me paraît une maladie incurable. Je l'avouerai hardiment : on n'est jamais plus ennuyeux, que quand on l'est avec esprit. Ces deux choses ne semblent point faites pour être voisines l'une de l'autre, & cependant elles ne se rencontrent que trop souvent ensemble.

Je sais tous les égards que mérite de nous la raison, & je crois qu'on ne peut l'en frustrer sans crime. Il faut pourtant qu'elle aille quelquefois oublier son sérieux entre les bras de la folie. Car son humeur est bien triste. Et comme la tristesse est la plus cruelle ennemie de l'amour propre, les hommes s'en éloignent avec soin. Un peu d'extravagance les rend heureux. Il y a une autre espèce de caractères insipides, beaucoup plus haïssables. Je parle des savants de profession, dont la mémoire fait le principal mérite. Ils se rappellent à chaque instant tout ce qu'ils ont lu. Satisfaits de paraître savants, ils s'embarrassent peu de paraître raisonnables. Tel est le tour d'esprit que donne l'aveugle admiration pour les Anciens. Ceux qui sont attaqués de cette manie, n'osent parler par eux-mêmes. Lâchement superstitieux, ils ne connaissent d'autre mérite dans un ouvrage que sa vieillesse, & la vieillesse d'une opinion est ce qui les frappe uniquement.

Quelques Auteurs fameux l'ont dit dans ces derniers Siècles : l'érudition seule est fade & insipide. Elle veut dominer, & son abondance lui nuit. Les digressions pleines quelquefois d'un désordre qui éblouit, les histoires froides & glacées, les longs contes, les plaisanteries enlevées à un Grec ou à un Romain, sont ordinairement le partage de ceux qui ne se piquent que d'être savants. Étrange bizarrerie ! On ne devrait étudier que pour mériter l'attention & s'assurer des suffrages du monde poli. L'étude cependant y produit presque toujours des effets contraires.

Pour l'imagination, elle est moins sujette à paraître ennuyeuse. Hardie & coquette, elle ne songe qu'à s'amuser. Voilà ce qui la sauve quelquefois du ridicule qui lui est imperceptiblement attaché : ridicule qui se déclare aussi avec plus de force lorsqu'elle s'abandonne trop à elle-même.

Les dupes de leur imagination sont ceux qui en exagèrent les saillies avec emportement, ceux qui ne savent point la caractériser, ou qui la font servir à des détails badins & chimériques. Il n'y a point de sottises où ils ne se portent, ni d'extravagances qu'ils ne tentent. L'assiette tranquille, cette élégance de vie flatteuse & uniforme, préférable quelquefois aux grands emplois, les inquiètent & les rebutent. Je plains leur sort. Il ne peut être fixe ni longtemps agréable, Il dépend du changement des modes, d'un goût insatiable pour les manières nouvelles, de je ne sais quoi de bizarre dans les pensées & dans les discours. On parvient rarement à ce milieu, où l'imagination n'est ni trop vive ni trop faible.

Chapitre XIII

Continuation du même sujet

tdm

Tout ce qu'il y a d'ennuyeux dans les différents caractères des hommes, se rapporte à ce que je viens de dire, & rien n'est plus aisé que de s'en convaincre. Les vues générales plaisent à l'esprit. Elles flattent sa vanité, & soulagent sa paresse. On veut voir d'un seul coup d'œil un système développé, & la reconnaissance qu'on a pour une idée qui en renferme plusieurs autres, est toujours plus vive que la reconnaissance qui est partagée.

Il est utile de connaître les caractères ennuyeux : mais la bienséance ne veut pas toujours qu'on les évite. Esclave d'un nombre presque infini de passions, l'homme ne peut se soustraire à leur empire. S'il vivait pour lui-même ; rien ne le forcerait à s'ennuyer, mais il est contraint de garder des mesures, soit avec des voisins incommodes, soit avec ceux qui peuvent établir sa fortune. Ces sortes de rapports sont toujours désagréables. Après tout, nous jouissons des commodités de la société : il est juste que nous en supportions les peines.

On ne peut guère se délivrer des mauvaises compagnies. Les visites & les repas de pure bienséance, forment un commerce ennuyeux à la vérité, mais nécessaire. Par là on se ressouvient de ce qu'on se doit mutuellement, & on profite des dispositions générales que la nature [19] a répandues entre les hommes. Ceux qui savent amener ces dispositions générales à des dispositions particulières, deviennent amis.

Je crois cependant qu'on peut se désennuyer avec les sots, en se servant de la raillerie, & je trouve cette manière assez agréable. Le ton plaisant tient toujours l'esprit en haleine, & le rend plus attentif à ce qu'il veut dire, qu'à ce que les autres lui disent. Il s'éloigne par ce moyen de ce qu'on lui présente de moins agréable. *Il faut toujours se chercher, quand en ne trouve point son compte avec les autres.*

Toutes les méthodes dont on peut se servir pour se soustraire aux caractères ennuyeux, supposent la maxime que j'ai établie. Par conséquent je n'en parlerai point, & un

---

[19] Comparez ceci avec ce que je dirai dans le XVe Chapitre.

pareil silence est judicieux. Un Auteur sensé doit renoncer aux méthodes particulières, & dont l'usage dépend des divers plis que prend chaque esprit.

Chapitre XIV

Des vues qu'on peut avoir en s'appliquant à la lecture

tdm

Les hommes devraient proportionner leurs connaissances à leurs besoins. Une vaine curiosité les perd, & la curiosité qui ne garde point de mesures, est une espèce de folie. L'un s'abandonne à l'antiquité la plus reculée, & plein d'une admiration servile pour des originaux souvent très méprisables, hasardent des connaissances qui le décréditent ; un autre ignore sa langue naturelle, & veut parler celle des Arabes ou des Chaldéens. La vanité les fait agir. Elle n'est pas moins l'ouvrage de l'éducation que du tempérament. Cela fait que les hommes la mettent de toutes leurs parties.

Différentes vues inspirent aux hommes un goût vif pour l'étude. J'en vais proposer une qui paraîtra neuve, & peut-être utile.

Il y a un vide dans la vie qui ne peut être occupé ni par les affaires, ni par les plaisirs. Ces moments qui paraissent en quelque façon jetés au hasard, sont les plus difficiles à remplir. Je ne m'en étonne pas. Ils n'ont rien qui les caractérise. Par conséquent il faut beaucoup d'adresse pour en faire un usage gracieux. L'art du Peintre ne brille pas moins dans un vide rempli d'une manière flatteuse, ou dans un point de vue ménagé avec finesse, que dans l'exacte ordonnance du Tableau. Les petites choses ne se traitent délicatement qu'avec peine ; mais quand elles sont ainsi traitées, elles causent une surprise douce & une admiration intéressante.

On est soutenu par les affaires : on est entraîné par les plaisirs. L'esprit ne peut alors s'étudier, mais l'intervalle qui se trouve entre les affaires & les plaisirs, doit être destiné à la lecture. Elle peut seule le rendre agréable. Les hommes sont obligés de se partager entre les faits & les réflexions. L'une de ces choses sans l'autre me paraît ennuyeuse.

Les moments dont je viens de parler sont trop précieux pour les consacrer indifféremment à toutes sortes de lectures. Peu d'écrivains méritent qu'on s'intéresse en leur faveur. L'orgueil les guide. Pleins d'une confiance d'autant plus vive qu'ils ne peuvent la cacher, ils sacrifient tout au plaisir de se faire un nom. Ils se servent même pour cela de la timidité & de la modestie. Tous les déguisements conviennent à la vanité, & c'est la première passion qu'un Auteur veut contenter. Elle entraîne bien des vices à sa suite ; les faux jugements, les idées chimériques, le désir de critiquer & celui de plaire aux dépens de la vérité. La science ne devrait point servir au raffinement des passions. Elle est seulement destinée à distinguer un petit nombre de gens heureux, & à les délivrer des préjugés qui aveuglent le peuple. Cependant ce sont eux qui leur donnent le plus de cours. Il faut l'avouer à la honte de la raison. Une bibliothèque nombreuse est le rendez-vous des plus grandes extravagances & des plus folles chimères que l'esprit puisse inventer.

À quels Auteurs faut-il donc confier les moments qu'on dérobe & aux affaires & aux plaisirs ? Chacun décidera cette question suivant son goût : elle est soumise aux préjugés de l'éducation, aux caprices d'un esprit plus ou moins cultivé, enfin aux inconstances de la mode. Ma réponse sera conforme aux lumières que la raison m'a présentées. J'ai pensé, & puis j'ai écrit, & à la honte de la raison, on écrit, & ensuite on pense.

Je ne trouve que deux sortes d'Auteurs estimables : ceux qui écrivent pour plaire & ceux qui sentent ce qu'ils écrivent. Le nombre des bons ouvrages sera par conséquent bien rare, & ce n'est pas un petit avantage pour la raison. On ne doit pas accorder trop de temps à la lecture, & on serait fâché de ne pouvoir tout lire. Pour moi je souhaite qu'on immole au bon sens les Auteurs qui ensevelissent leurs pensées sous un amas prodigieux de passages, & ceux qui écrivent au hasard l'Histoire d'un temps reculé. La Philosophie ancienne & moderne ne mérite pas une plus grande application que Clelie, ou la Princesse de Clèves. On doit traiter de la même manière tout ce qui a l'air de Roman.

L'Auteur qui veut plaire au Public, ne choisit que des matières intéressantes. Je veux qu'on m'apprenne à bien penser dans les Ouvrages d'esprit & qu'on me conduise dans ces mondes où l'on trouve une si agréable variété ; j'aime enfin ceux qui me découvrent sans aigreur les sottises des hommes & qui s'attachent à les copier. Je ne sais quelle élégance caractérise leurs productions. Leurs idées sont riantes. Jamais elles n'offrent d'images tristes, ni de vérités chagrines. S'ils écrivent scrupuleusement, leur exactitude n'est point rebutante. S'ils s'abandonnent à leur génie, ils accompagnent leurs caprices de tant d'art & de gaieté, qu'on les quitte avec peine & qu'on les reprend avec plaisir. Voilà le caractère des Ouvrages du fameux Bayle, qui serait devenu plus grand homme, s'il avait eu moins d'occasions de le devenir.

En m'éloignant des Auteurs qui écrivent pour plaire, je m'attache à ceux qui sentent ce qu'ils écrivent. Les effusions d'un coeur ingénieux renferment ce que la nature offre de plus fin & de plus exquis. Elles touchent le coeur, & font que l'esprit oublie sa fierté & son audace. Montagne ne me parle que des choses qu'il a senties, & il m'oblige de les sentir à mon tour. Naïf & peu contraint, il s'offre, pour ainsi dire, dans son déshabillé, & son déshabillé a des grâces moins brillantes, mais plus agréables qu'une parure étudiée. Madame Deshoulières me choisit pour être le confident de toutes les impressions qu'elle a reçues de la nature, & elle les développe avec cette retenue qu'autorise l'esprit juste. Qu'on trouve de charmes dans de pareilles confidences !

Prévenus en notre faveur, nous aimons les Auteurs qui cherchent à nous plaire, mais nous ne voulons pas qu'ils nous le disent trop ouvertement. Il faut laisser aux hommes, en quelque matière que ce soit, le plaisir de deviner. Jaloux avec reconnaissance, nous voulons qu'on se confie à nous, &

nous payons par des applaudissements sincères les choses mêmes qu'on feint de nous découvrir.

Chapitre XV

De la délicatesse qu'on doit mettre dans le commerce des femmes pour éviter l'ennui

tdm

Quand on s'aime on ne se lasse jamais d'être ensemble. Monsieur de la Rochefoucault en a deviné la raison : *On parle toujours de soi-même.* Il ne pouvait rien dire de plus flatteur à l'avantage de l'Amour. Cette passion est la plus vive de toutes & la plus délicieuse. Agréablement variée, elle fournit sans cesse de nouveaux sujets d'entretiens. Les moindres bagatelles l'amusent. Que dis-je il n'y a point de bagatelles pour un Amant & une Maîtresse. Tout les flatte, & tout leur retrace des images gracieuses, images toujours neuves & toujours intéressantes.

L'illustre M. de Fontenelle nous a donné dans ses Églogues une idée générale des conversations amoureuses.

Qu'elles offrent de charmes ! & que ces charmes sont
agréablement soutenus & par la douceur & par la vivacité !

Cieux ! Quels discours touchants Silvanire [20] entendit !
Tu peux les deviner, toi qui sais comme on aime.
C'étaient de ces discours dictés par l'amour même,
Que les indifférents ne peuvent imiter,
Qu'un Amant hors de là ne saurait répéter.
Ils étaient quelquefois suivis par un silence.
Au défaut de la voix les yeux d'intelligence
Consolaient des regards vifs, quoique languissants,
Et craintifs & flatteurs, doux ensemble & perçants.

Zelide en rougissant, & cette honte aimable
Exprimait mieux encore un amour véritable,
Et Miréne charmé lisait dans sa rougeur
Des secrets, qu'à demi cachait encore son cœur.
Tantôt de leurs amours l'histoire est retracée,
La rencontre où d'abord leur âme fut blessée,
Le lieu, même l'habit que Zelide avait pris,
Rien n'est indifférent à des cœurs bien épris,
les premières rigueurs qu'eut à souffrir Miréne,
Dont la Bergère alors ne convenait qu'à peine,

____

[20] V. la seconde Églogue.

Mille riens amoureux pour eux seuls importants,
Quels sujets d'entretien à des Amants contents !

Il est certain que l'ennui ne se trouve jamais avec l'amour : ils ont des intérêts trop différents l'un & l'autre, pour pouvoir jamais s'accorder ensemble. L'amour est vif, l'ennui est languissant. Il n'y a point de traité de paix à conclure entre eux. Je ne parlerai donc que du commerce des femmes qu'on voit par bienséance, ou par amusement. Il faut beaucoup d'art pour les connaître & un peu de hardiesse pour leur plaire. L'esprit timide & qui n'est point cultivé, ne sentira jamais ce qu'il y a de fin dans leur manière d'agir.

La société est un commerce mutuel où chacun cherche à gagner : moins nécessaire, mais plus ingénieuse que les lois, la bienséance sauve l'honneur de ceux qui dupent & l'amour propre de ceux qui sont dupés. Que ne lui doit-on pas ? En qualité de souveraine, elle ne craint point de se ruiner. Ses revenus sont fondés sur nos besoins, & nos besoins ne s'épuisent jamais. Voilà la bienséance tout à fait disculpée. Les personnes raisonnables profitent des agréments qu'elle leur procure, & ne se refusent point aux incommodités qui en sont inséparables. Les biens & les maux se tiennent, pour ainsi dire, par la main. Rarement on voit un bonheur solide ou un malheur obstiné.

Il faut se faire un art d'égayer les conversations de pure bienséance, & l'on n'a que trop souvent besoin d'un pareil art. Il consiste ou à parler vivement des choses qui nous touchent, ou à rappeler les événements dont le monde est occupé & à les rappeler d'une manière qui excite nos passions. Voilà une espèce de mécanique délicate, & qui surpasse la mécanique ordinaire, en ce qu'elle augmente notre force & soulage notre paresse sans emprunter un secours étranger. L'homme veut d'abord juger de lui-même, & en juge favorablement : il veut ensuite juger des autres, & en juger conformément à ses passions. Quel plaisir ne ressent-il pas, lorsqu'il peut croire qu'on approuve ses jugements ? Une idée si flatteuse ne lui laisse point la liberté de s'ennuyer.

On doit chercher des plaisirs vifs ; mais badins & flatteurs, dans les commerces d'amusement. Le coeur en est la véritable source, & quoiqu'il ne refuse rien, il veut qu'on achète ses libéralités par une attention spirituelle.

Toujours ajustées, les femmes ne se développent jamais qu'avec ceux qui leur plaisent. Je ne m'en étonne point.

Elles agissent par tempérament plutôt que par raison, par un je ne sais quoi qui les surprend plutôt que par des motifs étudiés. Qu'on ne cherche point de système dans leur esprit ni dans leur coeur : elles n'en sont point susceptibles, mais qu'on en cherche dans leur goût. Elles veulent être aimées. La moindre intrigue les occupe, & l'émotion qui suit d'un commerce de galanterie achève de les persuader.

J'ai dépeint le caractère général des femmes. Il y a des rapports nécessaires & imperceptibles qui l'attachent à celui des hommes. Voilà un ordre malicieusement établi par la Nature, ordre qui ôte aux femmes l'agrément de choisir & aux hommes l'honneur de se vanter du choix quelles font. Cette remarque est plus vraie qu'elle ne paraît du premier abord. Chacun doit chercher dans son caractère ce qui peut lui mériter l'attention des Dames, & s'en tenir là. Les Dames sont faites à peu près comme les Philosophes, qui ne s'écartent jamais des points de vue qui les ont d'abord frappés. Je ne sais si c'est par paresse, ou par l'orgueil qui suit les premières découvertes. Le masque qui a une fois plu aux femmes, leur plaît toujours. Persuadées de leur discernement, elles décident sur le premier coup d'oeil, & le premier coup d'oeil les flatte plus vivement qu'une suite étudiée de réflexions. Mais on ne jouit de leur constance que par le soin qu'on prend de s'offrir toujours à leurs yeux sous les mêmes traits. Il n'arrive jamais de changement dans leurs goûts.

Chapitre XVI

Les femmes sont moins sujettes à s'ennuyer que les hommes

tdm

L'aveu que je fais, n'est pas dû à une complaisance raffinée. Je souhaite qu'il ne paraisse point étrange. Les Philosophes se dérobent facilement à cette politesse superficielle, qui ne consiste que dans des dehors trompeurs, & on ne leur en fait point un crime. La liberté cynique de Diogène plaisait peut-être autant à la fameuse Laïs, que les manières étudiées d'Aristippe. Je ne m'en étonne pas. La galanterie est quelquefois un commerce que le fard & le mensonge n'osent corrompre.

Je puis donc me confier à ma sincérité, & j'avouerai sans crainte que l'art de ne point s'ennuyer est particulièrement l'apanage des femmes. Habiles à connaître les mouvements les plus secrets du cœur, elles se font une occupation délicieuse de leurs sentiments. Le soin d'ajuster une parure, l'étude d'une mode nouvelle, l'envie de conserver une conquête ou de la disputer à des rivales dangereuses, peuvent les occuper & les occupent entièrement. Toutes leurs connaissances se bornent aux usages les plus communs de la vie civile, & comme ces usages sont fort étendus, rarement elles s'ennuient. Un commerce qui se renouvelle chaque jour & qui ne demande que des vues peu raffinées, soumet l'esprit au cœur, & le cœur a la complaisance de s'écouter, & de songer à ses intérêts d'une manière agréable.

Les hommes manquent à leurs besoins. Cela fait qu'ils se trouvent souvent dans une inaction fade & chagrine. Les femmes au contraire ont autant de besoins que de moyens de les contenter. Aussi sont-elles toujours dans une agitation flatteuse. Cette différence mérite d'être éclaircie. Les besoins des hommes sont trop relevés ou trop bizarres ; ceux des femmes me paraissent plus proportionnés à leurs caractères. Les uns dépendent de mille circonstances qui s'accordent rarement ensemble, Les autres naissent des désirs qu'excite la nature elle-même. On est à plaindre, quand on livre son sort aux caprices du hasard.

Le caractère qui s'appuie également sur l'orgueil & sur la

délicatesse me paraît le plus propre à se défendre contre l'ennui, & c'est là le caractère des femmes. Elles sont assez fières pour résister, & assez spirituelles pour se rendre. L'amour qui raffine les esprits leur découvre mille inventions flatteuses & galantes. Il leur offre des soins touchants, l'inquiétude de n'avoir point assez plu, des empressements de se revoir, enfin un agréable mélange de plaisirs & de peines.

Cela paraît surtout dans le Sérail du Grand Seigneur. L'austère sagesse peut-elle me défendre d'y entrer un moment ? Je crois sans peine & sur le rapport de [21] plusieurs Voyageurs, que les passions y sont plus animées qu'en aucun autre lieu du monde. La solitude & l'oisiveté les font naître. La jalousie les entretient, & le désir de gagner un maître qui semble dédaigner les caresses les plus ingénieuses, les porte au comble de la vivacité. Il faut un fond inépuisable de tendresse, pour s'en faire une occupation sérieuse pendant toute la vie.

---

[21] Voyez Ricaut, Pettis de la Croix, la tuilletiere, Histoire du Sérail, etc.

Chapitre XVII

Conclusion de l'Ouvrage :

Plus on sent, moins on s'ennuie

tdm

L'Homme n'est malheureux que parce qu'il pense, & il pense autant par orgueil que par besoin. Voilà la source de tous ses égarements. Un peu d'indiscrétion & de rapidité dans l'esprit le soulage, le dissipe & lui ôte la vue des précipices qui l'environnent. Nos réflexions nous tuent : plus elles sont sensées, plus elles découvrent la bassesse de notre condition. Cette remarque me paraît utile, & si elle est téméraire, sa témérité n'est point condamnable. *L'intention de la Nature*, dit un auteur judicieux, *n'a pas été qu'on pensât avec beaucoup de raffinement*. Susceptible d'une malignité ingénieuse, elle nous ordonne de jouir des biens qu'elle nous offre, & d'en jouir sans trop de curiosité. Une connaissance trop étendue affaiblit le goût le plus vif, & les plaisirs gagnent à n'être qu'effleurés ce qu'ils perdent à être approfondis.

Le Philosophe qui assiste à l'Opéra, & qui étudie la manière dont les décorations & les machines ont été disposées pour faire de loin un effet agréable, est-il aussi heureux que l'ignorant qui ne songe qu'au spectacle qui le frappe ? Le premier veut penser & se donne des peines inutiles : le second ne fait que sentir, & il est toujours agréablement agité. Les sentiments établissent un bonheur que ruinent les pensées.

Quand je devrais choquer les préjugés les plus brillants : j'avouerai que la raison est triste & même inutile, quand elle veut nous mettre au dessus de tout par les pensées. Elle devient flatteuse & charmante, en nous ramenant à tout par les actions. Voilà proprement l'art de sentir. Des vues savantes & recherchées, mais en même temps froides & stériles, fatiguent l'esprit & l'accablent. Une peut longtemps soutenir un embarras trop sensé, ni se prêter à des spéculations sèches, quoique très utiles. Il veut être agité. Il se perd lui-même & se méconnaît à la fin, s'il ne conserve des rapports flatteurs avec les objets qui l'environnent. Plus inquiet que le Matelot qui se trouve en pleine Mer, il n'a plus aucun point de vue qui puisse le fixer. De là naît une langueur fade & ennuyeuse.

La raison, qui veut s'assujettir les sens, expose l'homme à une suite presque inévitable de chagrins. Il n'est plus remué. Je ne sais quelle stupidité judicieuse au fond & pleine de sagesse, s'empare de son cœur. Il se nourrit de réflexions & s'arrache, pour ainsi dire, au commerce du monde. C'est cette raison qui a fait naître tout ce qu'on voit d'inutile dans les sciences. Elles n'étaient destinées qu'à des besoins d'autant plus gracieux qu'il fallait un esprit fin pour les contenter. On a vu tout le contraire. Les sciences sont devenues une occupation sérieuse.

On ne doit s'embarrasser que des choses intéressantes, & rien n'intéresse l'homme sensé que ce qui le fait agir d'une manière vive & toujours nouvelle. C'est un véritable esclavage que de vouloir trop penser. Il faut pour cela un régime & une attention qui demandent des peines infinies. Il est doux de se les épargner. Rien ne détruit plutôt la santé la plus ferme qu'une application continuelle à la conserver. La prudence est plus estimable qu'une précipitation ingénieuse mais en même temps elle a moins de plaisirs.

Le véritable bonheur se trouve dans les sentiments. Il y paraît revêtu de cette naïveté, que l'orgueil n'ose corrompre, & cette naïveté si je l'ose dire, est la chose du monde la plus délicieuse. Elle naît de certaines vues ménagées par les objets extérieurs, & d'autant plus charmantes, qu'elles ne manquent jamais à ce qu'elles promettent. L'homme est rarement la dupe de ce qu'il sent. Il s'abandonne quelquefois à des pensées chimériques, mais jamais il ne prend le change y quand il s'agit d'être agréablement remué.

Pour bien sentir, il faut rejeter toutes les passions qui viennent de la nature & en faire d'autres sur leur modèle. Ces dernières seront moins emportées, & elles auront plus de rapports avec nos intérêts, avec notre manière d'agir, enfin avec les personnes dont nous recherchons l'amitié. Cette occupation n'est pas indigne d'un grand homme. Il est facile maintenant de s'apercevoir que l'art de sentir & l'art de ne point s'ennuyer ont des liaisons très étroites ensemble, & ces liaisons que la volupté raisonnable caractérise, sont le principal fondement de cet ouvrage.

FIN

Table des Chapitres contenus dans ce Volume

Préface

À Madame de M***

Chapitre I — Quel est le tour d'esprit le plus heureux pour ne point s'ennuyer dans le monde

Chapitre II — Si les gens d'esprit sont plus sujets à s'ennuyer que les fous ?

Chapitre III — Des précautions qu'on doit prendre, pour ne point s'ennuyer avec soi-même

Chapitre IV — Des lieux où l'on peut s'ennuyer

Chapitre V — De l'exil d'Ovide

Chapitre VI — Réflexions sur ce qui peut rendre la solitude agréable

Chapitre VII — De la préférence que les grandes Villes méritent sur celles qui sont moins fréquentées

Chapitre VIII — Si les gens d'Étude sont sujets à s'ennuyer ?

Chapitre IX — La crainte de s'ennuyer a fait naître les plaisirs.

Chapitre X — Réflexions sur l'usage qu'on doit faire des plaisirs de la table, pour éviter l'ennui

Chapitre XI   Du génie propre à animer la conversation

Chapitre XII   Des caractères ennuyeux

Chapitre XIII   Continuation du même sujet

Chapitre XIV   Des vues qu'on peut avoir en s'appliquant

                 à la lecture

Chapitre XV   De la délicatesse qu'on doit mettre

                 dans le commerce des femmes pour éviter l'ennui

Chapitre XVI   Les femmes sont moins sujettes à s'ennuyer

                 que les hommes

Chapitre XVII   Conclusion de l'Ouvrage : Plus on sent,

                 moins on s'ennuie